Oscar Heinze

Die Kehlkopfsschwindsucht

Nach Untersuchungen im pathologischen Institute der Universität Leipzig

Oscar Heinze

Die Kehlkopfsschwindsucht
Nach Untersuchungen im pathologischen Institute der Universität Leipzig

ISBN/EAN: 9783743612723

Hergestellt in Europa, USA, Kanada, Australien, Japan

Cover: Foto ©berggeist007 / pixelio.de

Manufactured and distributed by brebook publishing software
(www.brebook.com)

Oscar Heinze

Die Kehlkopfsschwindsucht

DIE

KEHLKOPFSSCHWINDSUCHT.

NACH UNTERSUCHUNGEN
IM PATHOLOGISCHEN INSTITUTE DER UNIVERSITÄT
LEIPZIG.

VON

DR. OSCAR HEINZE,

SPECIALARZT FÜR KEHLKOPFSKRANKHEITEN IN LEIPZIG.

MIT VIER TAFELN,

NACH DEN MIKROSKOPISCHEN PRÄPARATEN GEZEICHNET VON DR. SÄNGER.

———⋄—⋖———

LEIPZIG,

VERLAG VON VEIT & COMP.

1879.

Druck von Metzger & Wittig in Leipzig.

Einleitung und Geschichtliches.

Seit einem halben Jahrhundert ist über das Wesen der sogenannten Kehlkopfs- und Luftröhrenschwindsucht vielfach geschrieben und hin und her gestritten worden, ohne dass die Natur derselben bisher endgültig festgestellt und die weit divergirenden Anschauungen zu der wünschenswerthen Uebereinstimmung gelangt wären. Bis auf die neueste Zeit hat sich eine ganze Reihe von Ansichten traditionell fortgeerbt, ist aus einem Autor in den anderen übergegangen, ohne dass man einer eingehenderen Prüfung und Sichtung derselben wesentlich näher getreten wäre. — Die Hauptfrage, um die sich von jeher die Meinungen gedreht haben, war: ob diejenigen Ulcerationen, welche, bei gleichzeitiger Anwesenheit von tuberkulösen oder phthisischen Processen in den Lungen, im Kehlkopf und in der Luftröhre gefunden werden und zu destructiven Vorgängen verschiedenster Intensität innerhalb derselben, also zur Kehlkopfs- und Luftröhrenschwindsucht, Anfang und Veranlassung bilden, bedingt werden durch vorausgegangene Ablagerung von Tuberkeln innerhalb der Gewebe, ob demnach Kehlkopfs- und Luftröhren-Schwindsucht identisch ist mit Kehlkopfs- und Luftröhren-Tuberkulose, oder ob diese Schwindsucht ganz unabhängig von vorausgegangener Tuberkelbildung nur als Folgezustand und Weiterentwickelung catarrhalisch-entzündlicher Vorgänge innerhalb des Kehlkopfes und der Luftröhre vorkommt und betrachtet werden kann. Jede der beiden entgegengesetzten Anschauungen hat eifrige Vertheidiger gefunden: ein hervorragender Vertreter der zuletzt erwähnten ist in neuester Zeit sogar so weit gegangen, das Vorkommen von Tuberkeln in Larynx und Trachea überhaupt in Abrede zu stellen. — Im Zusammenhange mit dieser Cardinalfrage finden sich fast bei jedem Autor Erwägungen und Erörterungen über den eventuellen kausalen und zeitlichen Zusammenhang zwischen Lungenphthisis und Kehlkopfsschwindsucht, und kommen die verschiedenen Autoren natürlich zu verschiedenen Resultaten, je nach dem Standpunkte, den sie obiger Hauptfrage gegenüber einnehmen.

Unter diesen Umständen erschien es keine überflüssige Arbeit, den Versuch zu machen, auf Grund pathologisch-anatomischer Untersuchungen einer grösseren Anzahl von Kehlköpfen, Klarheit über das Wesen der Kehlkopfsschwindsucht und die derselben zu Grunde liegenden pathologischen Vorgänge zu gewinnen, und hoffen wir mit den gewonnenen Resultaten zur endgültigen Lösung der Streitfrage einen nicht unwesentlichen Beitrag geliefert zu haben. —

Wir schicken eine Zusammenstellung der hauptsächlichsten Urtheile, Ansichten und Beobachtungen voraus, welche sich bei den uns zugänglich gewesenen älteren und neueren Autoren über die Kehlkopfsschwindsucht bezüglich ihrer Natur und ihres Vorkommens aufgezeichnet finden und beginnen hier mit Louis, als derjenigen Autorität, die eigentlich zuerst den Erisapfel in diese Frage hineingeworfen hat.

Louis[1] bestritt bekanntlich das Vorkommen von Tuberkeln in Larynx und Trachea überhaupt.

„Je n'ai rencontré dans aucun cas des granulations tuberculenses dans l'épaisseur ou à la surface de l'épiglotte, du larynx ou de la trachée-artère; en sorte qu'il faut considérer l'inflammation comme la cause excitante la plus fréquente des ulcérations qu'on y observe.“

„Il faut reconnaître, que c'est une loi de notre économie, que, passé quinze ans du moins, les tubercules, qui se développent si fréquemment et en si grand nombre dans les poumons, ne se montrent pas dans les voies aériennes supérieures; que, si cela a lieu dans quelques cas, ce ne peut être que par une très rare exception.“

Als veranlassende Ursache für die Ulcerationen betrachtet er die reizende Beschaffenheit der aus den Lungen, beziehentlich aus Cavernen innerhalb derselben stammenden Sputa und das längere Verweilen derselben an den späteren Geschwürsstellen: der vorwiegende Sitz der grossen Ulcerationen auf dem hinteren Theile der Luftröhre, der Umstand, dass sie an Häufigkeit abnehmen, je weiter man sich von den Bronchien oder Cavernen entfernt und dass sie vorwiegend nur in solchen Bronchien vorkamen, welche mit den Cavernen communicirten, das fast ausschliessliche Vorkommen der Ulcerationen auf der Laryngealfläche der Epiglottis, welche ebenfalls mehr oder weniger häufig durch die Sputa berührt werde — alles dies zusammengenommen beweise diesen

---

[1] Louis, *Recherches sur la phthisie.* Paris 1825.

Causalnexus. Er gibt jedoch zu, dass die Ulcerationen noch eine andere Ursache haben müssen: denn sie stehen nicht immer im Verhältniss mit der schlechten Beschaffenheit der Sputa (kommen auch niemals bei Gangrän der Lungen vor), sind nicht immer vorhanden, selbst bei beträchtlichen Lungenstörungen und alten tuberkulösen Cavernen, kommen dagegen vor ohne gleichzeitige Anwesenheit von Cavernen, obwohl selten.

In den 102 Fällen von Louis zeigten sich die Ulcerationen der Epiglottis des Kehlkopfs und der Trachea in dem Verhältniss von 18 : 22 : 31 und hieraus leitet er den bereits erwähnten Satz ab, dass dieselben, je näher der Lunge, an Häufigkeit zunehmen: bei Männern wurden sie 2 mal so oft beobachtet als bei Weibern. Die Ulcerationen sassen: an der Epiglottis auf der Innenfläche meist an der unteren Hälfte, nur einmal sah Louis solche auch auf der Zungenfläche; am Larynx: an der Vereinigungsstelle der Stimmbänder, an den Stimmbändern selbst im hinteren Theile, besonders an der Basis der cart. arytaen., am oberen Abschnitt des Larynx und in den Ventrikeln. Die grossen Ulcerationen der Trachea nahmen vorzüglich den membranösen Theil der Trachea ein. Bei 500 nicht-tuberkulösen, an chronischen Krankheiten Verstorbenen sah Louis keinen einzigen Fall von Larynxulceration; er betrachtet diese daher als der Lungenschwindsucht eigenthümliche Veränderungen.

Trousseau[1] spricht, aus Mangel an hinreichendem Material zur Entscheidung der Streitfrage, eine positive Ansicht nicht aus. Gegen die Louis'sche Hypothese von der Entstehung der Ulcerationen durch Contact mit Cavernensekret führt er die tuberkulösen Darmgeschwüre an, die doch auch entstehen, ohne dass ein Ausfluss von Eiter Entzündung und Ulceration auf der Darmschleimhaut erzeugt hat: wie aber die tuberkulöse Anlage die Drüsen des Ileon, so könne sie auch Trachea und Larynx ergreifen, die als ein Theil des Respirationsapparates gerade durch ihren innigen Connex mit den Lungen eine grössere Disposition zur Tuberkelbildung besitzen müssten. Im Uebrigen zeige der Rand der Kehlkopf- und Luftröhrengeschwüre niemals das tuberkulöse Ansehen wie der der Darmgeschwüre. Trousseau erwähnt, dass sich die Laryngophthise selten vor den Pubertätsjahren und auch nicht häufig im hohen Alter entwickelt: ausserdem glaubt er an das Vorkommen von Kehlkopfsschwindsucht ohne gleichzeitiges Lungenleiden. Die von ihm zum Belege dieser Ansicht aus älteren französischen Quellen angeführten Krankengeschichten (eigene citirt er nicht) sind jedoch, wie auch bereits Louis bemerkt hat, durchaus nicht absolut beweisend. Dasselbe gilt von den 3 von Albers aufgeführten,

---

[1] Trousseau et Belloc, *Traité de la phthisie laryngée.* Paris 1827.

jedoch ebenfalls nicht von ihm selbst gemachten Beobachtungen von tuberkulösen Larynxgeschwüren ohne krankhafte Lungenerscheinungen.

Nach Andral [1] findet man bei Phthisikern ziemlich oft die Schleimhaut
des Larynx an verschiedenen Stellen durch kleine rundliche, mattweisse
oder gelbliche Körper, „die man Tuberkel nennt,“ in die Höhe gehoben.
(Unter Tuberkeln versteht Andral jedoch, wie aus dem Zusammenhange
hervorgeht, im Larynx wie im Darmkanal: von den Schleimdrüsen abge-
sonderten, verdickten, körnigen Eiter, welcher als kleine, harte, rundliche
Geschwulst unter der Schleimhaut sitzt, wenn er auch nicht behaupten will,
dass alle Tuberkel der Schleimhäute nichts als kranke Drüsen seien.) Die
Schleimhaut hat immer noch längere oder kürzere Zeit Neigung, zu ulce-
riren, „um der unter ihr angesammelten tuberkulösen Materie den Austritt
zu verschaffen.“ Uebrigens spreche nichts dafür, dass dies der Ursprung
des grössten Theils der Ulcerationen des Larynx sei: nicht so oft, als man
im Allgemeinen annehme, begegne man bei den Phthisikern Tuberkeln im
Larynx: sie seien gewiss viel seltener als die Tuberkel im Darmkanal.
Andral sah wenigstens bei drei Viertheilen der Phthisiker den Larynx in
verschiedenen Graden krank. Nach ihm sind die Stimmbänder der häufigste Sitz von Ulcerationen, nichts aber seltener als die Phthisis laryngea
unabhängig von reiner Lungenphthisis vorkommen zu sehen, wie die Leichen-
öffnung zeige: weshalb man „selbst dann, wenn bei einem Individuum, das
die Symptome der chronischen Laryngitis mit Abmagerung und anderen
Zeichen der Phthisis hat, nichts für das Dasein von Lungentuberkeln spricht,
so starke Wahrscheinlichkeitsgründe für die Annahme dieser habe, dass
sie beinahe für Gewissheit gelten können.“

Albers [2] bezeichnet die tuberkulösen Kehlkopfgeschwüre als „unter
allen die gewöhnlichsten.“ Ueber ihre Natur hat er dieselbe Anschauung
wie Andral: „sie sind Schleimdrüsen, welche sich entzünden, verhärten, durch
hierauf folgende Eiterung Geschwüre bilden und so die Zerstörung des Kehlkopfs in einem mehr oder minder hohem Grade zur Folge haben.“ Tuberkulös nennt er diese Ulcera: „um dadurch ihren Ursprung zu bezeichnen,
indem sie entweder bei gleichzeitiger knotiger Lungensucht vorkommen, oder
sich doch die erbliche Anlage zu einer solchen nicht verkennen lässt, die
bei der Erzeugung der Geschwüre im Kehlkopfe wirkte.“ Im Uebrigen
theilt er die Ansicht von Louis: „die nähere Ursache der Kehlkopfgeschwüre
liegt in der Entzündung.“ Dass nicht Alle, welche an Lungentuberkeln
leiden, zugleich auch an tuberkulösen Geschwüren des Kehlkopfs leiden, erklärt er sich zum Theil aus „der grösseren Zerstörung der Krankheit bei noch

---

[1] Andral, *Clinique médicale.* T. II. Paris 1829.
[2] Albers, *Pathologie und Therapie der Kehlkopfskrankheiten.* Leipzig 1829.

guten Kräften des Kranken," anderntheils vermuthet er, dass „in der Länge
und Weite der Luftröhre und dem im Verhältniss engeren und kleineren
Kehlkopf der Schlüssel zum Geheimniss liegen möge," wennschon er durch
Messen und Vergleichen der Luftröhre und des Kehlkopfs bei verschiedenen
Personen diese Vermuthung bis dahin noch nicht bestätigt gefunden hatte.

Er unterscheidet zwei Formen der tuberkulösen Geschwüre: solche,
welche „nur eine Folge der Knotensucht der Lunge sind" und solche,
„welche ohne Krankheit der Lunge vorkommen," was aber äusserst
selten zu sein scheine. Als ätiologische Momente, ausser erblicher oder
erworbener Anlage zur Tuberkelbildung, bezeichnet er (nach Sigaud): „vorausgegangene langwierige Hautausschläge oder Abscesse, Geschlechtsausschwei-
fungen, Onanie, übermässigen Beischlaf, Aufenthalt unter dem Einflusse des
Staubes (Weber, Perückenmacher, Plattenschläger, Maler, Bildhauer); ferner
Ausdünstungen der Salzsäure, Salpetersäure und Schwefelsäure beim Fabrik-
betrieb. Der Speichelfluss nach Quecksilbergebrauch soll sie ebenfalls veranlassen können, wie überhaupt häufiger Quecksilbergebrauch (Kabanis);
nach Desault auch Verletzungen des Kehlkopfs, endlich auch Krankheiten
der Leber und der Geschlechtstheile."

Hasse[1] bezeichnet unter allen ulcerösen Zerstörungen des Kehlkopfs
und der Luftröhre die tuberkulösen als die verhältnissmässig häufigsten: ein Beispiel, wo die Tuberkulose in den genannten Organen selbstständig ohne gleichzeitige Lungenschwindsucht verlaufen wäre, ist ihm
jedoch nicht bekannt.

Hasse unterscheidet drei verschiedene Formen von Affectionen der Luftwege bei Phthisikern: Erosionen auf der Schleimhaut, Erweichung
der Schleimdrüsen (diese beiden nicht-tuberkulösen Ursprungs) und
eigentliche tuberkulöse Geschwüre.

Die Erosionen kommen entweder allein, oder gleichzeitig mit tuberkulösen
Geschwüren vor, entweder nur an einzelnen Stellen (untere Fläche der Epiglottis, hintere Fläche der Trachea) oder die ganze Schleimhaut ist damit
wie besät: sie sind fast immer von gleicher Grösse, etwas oval linsenförmig,
confluiren häufig, gehen nie in die Tiefe, haben scharfe Ränder, Grund
meist glatt, blass, Umgebung eben so blass. „Es unterliegt keinem Zweifel,
dass sie nur in Folge einer oberflächlichen Reizung der Schleimhaut entstehen, und da man sie vorzugsweise an denjenigen Stellen findet, welche
mit den tuberkulösen Sputis aus der Lunge in Berührung kommen, so ist
es nicht unwahrscheinlich, dass sie der reizenden Eigenschaft derselben ihren
Ursprung verdanken."

Neben diesen Erosionen, „welche die häufigste Laesion der Schleimhaut

---

[1] Hasse, *Spec. pathol. Anatomie.* Leipzig 1841.

in der Phthisis zu sein scheinen," findet man die Schleimdrüsen, vorzugsweise in der Luftröhre zwischen den Ringen, in der Form von weissen,
etwa senfkorngrossen Körnchen mitten auf einer lebhaft geröteten auf-
gelockerten Schleimhautfläche. Sie sind meist erweicht, ihre Decke löst sich
allmählich auf und es bleiben kleine, höchstens stecknadelkopfgrosse, glatte
und tiefe Grübchen an Stelle der Körnchen übrig. Diese Veränderungen
sind wahrscheinlich nur Folge eines die Tuberkulose oft complicirenden
catarrhalischen Prozesses.

Die eigentlich-tuberkulösen Geschwüre unterscheiden sich von
diesen in auffallendster Weise. Am häufigsten im Kehlkopfe, in seiner oberen
Hälfte, am hinteren oder vorderen Winkel der Stimmbänder, in vielen Fällen
auch auf die untere Fläche des Kehldeckels sich erstreckend und darüber
hinaus auf Zungenwurzel und Pharynx, seltener in der Trachea, am meisten
noch in deren hinterer membranöser Wand, am seltensten in den Bronchien
sind die tuberkulösen Ulcera grösser als die zuerst erwähnten Veränderungen, sind unregelmässig gestaltet und gehen meist bald in die Tiefe.
Ihr Grund ist rauh, wie angenagt und wird in der Regel von dem speckig
verdickten und verhärteten submukösen Gewebe gebildet: „man unterscheidet
in demselben häufig die kleinen graulichen oder gelblichweissen
Körnchen, welche überall die Tuberkelbildung characterisiren." Die
Ränder sind hervorragend, scharf abgeschnitten, aber unregelmässig und
eckig. Wenn die Geschwüre frisch sind, so haben sie meist eine rundliche, gleichmässige Form, glatteren und blassen Grund, in welchem weder
Verhärtungen noch tuberkulöse Granulationen wahrgenommen
werden, und regelmässige flache Ränder von weicher Consistenz, welche
von einer anscheinend kaum entarteten Schleimhaut gebildet sind. Immer
aber haben die tuberkulösen Geschwüre eine grosse Neigung, sich sowohl
zur Tiefe als zur Fläche auszubreiten, indem fortwährend neuer Tuberkelstoff in ihrem Grunde und an ihren Rändern abgelagert
wird, durch dessen Erweichung und reizende Wirkung auf die betreffenden
Gewebe stets weitere Zerstörungen bedingt werden. Sie scheinen sich auf
verschiedene Weise zu entwickeln. „Am häufigsten sind es die
Schleimdrüsen, in deren Bälgen sich der Tuberkelstoff ansam-
melt, dieselben als Hügel emporhebt und nach vollendetem Erweichungs-
processe an ihrer Stelle entsprechende Geschwürsflächen zurücklässt. In
vielen Fällen dagegen werden die Tuberkeln unmittelbar im Schleimhautgewebe gebildet, wahrscheinlich indem unter dem Epithelüberzug
statt der normalen Zellen wirkliche Tuberkelzellen entstehen, welche
in Gruppen angehäuft, theils nach der Oberfläche gelangen und abgestossen
werden, theils durch Irritation der Umgebung Substanzverlust und Ulceration erzeugen."

Zuweilen endlich findet in noch tieferen Geweben Tuberkelablagerung gleich zu Anfang statt.

Das Verhältniss der Kehlkopfs- und Luftröhrenschwindsucht zur Lungentuberkulose ist nach Hasse entweder so, dass (in den allermeisten Fällen) das Lungenleiden zuerst vorhanden ist und erst im Verlaufe desselben Larynx und Trachea erkranken; oder es erkranken alle drei Organe gleichzeitig, in dem einen aber steigert sich die Krankheit besonders während des Verlaufes (am häufigsten in den Lungen), während es nur wenige Beispiele giebt, dass die Kehlkopfsphthise sich vorzugsweise entwickelt und die Lungenaffection langsam fortschreitet oder stationär bleibt oder zurückgeht; endlich aber scheine es zuweilen, als ob der Kehlkopf, niemals jedoch die Luftröhre, zuerst von der Tuberkulose ergriffen worden wäre und erst hinterher die Lunge. Die tuberkulösen Geschwüre in Larynx und Trachea sollen vorzugsweise zwischen dem 20. und 35. Jahre, im höheren Alter weit seltener, vor den Pubertätsjahren fast niemals vorkommen und noch einmal so häufig bei Männern als bei Weibern sich finden. Durch dies Alles bestätige sich das Gesetz, „nach welchem die Entwickelung von Tuberkeln in den verschiedenen Organen fast immer vorzugsweise mit der höchsten physiologischen Thätigkeit derselben zu Stande kommt." Die Frequenz der tuberkulösen Geschwüre nimmt von oben nach unten ab: an Kehldeckel und Luftröhre sind sie selten ohne gleichzeitiges Befallensein des Larynx. Am häufigsten sind sie im Kehlkopf am vorderen oder hinteren Winkel der Stimmbänder, nehmen oft die ganze innere Oberfläche desselben ein, erstrecken sich auch auf die untere Fläche der Epiglottis und zuweilen auf die Zungenwurzel und in den Pharynx hinein. In der Trachea sind sie weit seltener, am meisten noch im membranösen Theile derselben.

Rheiner[1] untersuchte zwölf Fälle von Larynxverschwärung, bei denen die Lungen der Sitz grösserer Tuberkelablagerungen und vorgerückte Cavernenbildung vorhanden war. Von Geschwüren mit Erkennungszeichen des sogenannten käsigen Tuberkels sah er jedoch kein einziges Beispiel, fand dagegen Andeutung der auch von Hasse erwähnten Tuberkelgranulationen der Schleimhaut, vermischt mit kleinen rundlichen Geschwürchen von gleichem Umfang, doch flachem, nicht infiltrirtem Rand, die aller Wahrscheinlichkeit nach aus jenen Knötchen hervorgegangen waren, ohne jedoch die Kennzeichen ihres Ursprungs beibehalten zu haben.

Unter den ätiologischen Momenten, welche Verschwärung erzeugen, wenn andere Bedingungen die Larynxschleimhaut bereits in Reizungszustand versetzt haben, betont er die Reibung. Durch diese sollen „die

---

[1] Rheiner. Ueber den Ulcerationsprocess im Kehlkopf. Virchow's *Archiv.* V. 1853.

dreieckigen Geschwüre hervorgehen, welche so oft den Proc. vocalis von
seiner inneren Fläche her denudiren". Bei catarrhalischer Schwellung
soll die Berührung der Proc. vocales noch inniger und damit die Reibung
erhöht werden.

Ebenfalls durch Reibung, bezw. durch den „Druck, der namentlich bei
lebhaftem Auf- und Zuschlagen des Kehldeckels entsteht", erklärt Rheiner
das Vorkommen erbsengrosser Infiltrate und kleiner Geschwüre auf demselben, neben der Ansatzstelle der Plicae aryepiglotticae am freien Rande
des Kehldeckels an seiner unteren Fläche, also an Stellen „die beim Schlusse
des Kehldeckels unmittelbar auf die Spitzen des Giessbeckenknorpel zu fallen
kommen".

Rheiner unterscheidet: einfache catarrhalische Ulcera, wozu er
auch die „aphthösen" Geschwüre rechnet, welche nur bei vorgeschrittener
Lungenphthisis vorkommen sollen und entweder durch seröse Infiltration
der oberen Schleimhautschicht oder im Umfange der Drüsenmündungen
bei vermehrtem Abfluss secernirter Flüssigkeit entstehen, und follikuläre
Geschwüre.

Ueber den Modus der Entstehung der Larynxulcerationen bei gleichzeitiger Lungentuberkulose spricht Rheiner eine weitere Ansicht nicht
aus. Er constatirt, dass die Lungentuberkulose zwar diejenige Bedingung
sei, unter der sie am häufigsten vorkommen, doch komme eine Tuberkulose des Kehlkopfs im strengen Sinne kaum vor. Gegen die Louis-
sche Infection und Corrosion durch die Sputa führt er ausser den von
Louis selbst hervorgehobenen Bedenken an, dass die Sputa dann dieselbe
Ansteckung auch an anderen Theilen erzeugen müssten, mit denen sie in
Berührung kommen, sowie dass Fälle von Larynx-Ulcerationen vorkommen,
ohne gleichzeitige Lungenaffection (Trousseau, *Obs.* VIII—XIII).

Friedreich [1] nennt die Laryngophthisis „vorwiegend eine Krankheit
der Erwachsenen, welche besonders bei Männern vorzukommen scheine".
Die Geschwüre sollen meist auf der hinteren Kehlkopfswand zwischen den
Aryknorpeln, oft am vorderen Stimmbandwinkel, nicht selten in den Ventrikeln oder an der Epiglottis und den Plicae aryepiglottic. vorkommen.

Er unterscheidet die tuberkulöse Laryngitis (Laryngophthisis) anato-
misch von der einfachen „durch den Nachweis kleiner grauer miliarer
Tuberkelkörnchen, welche sich in dem Gewebe der die Erscheinungen
einer chronischen Entzündung darbietenden Schleimhaut meist in dissemi-
nirter Weise eingestreut finden, mitunter von kaum bemerkbarer Grösse."

„Durch Zerfall der Tuberkelgranulationen entstehen sehr bald kleine

---

[1] Friedreich in Virchow's *Handbuch der spec. Pathologie und Therapie.*
Bd. V. 1854.

flache, linsenförmige Geschwürchen, welche durch neuerdings erfolgende Bildung von miliaren Tuberkelgranulationen sowohl in ihrem Grunde, wie in ihren Rändern und gleichfalls erfolgendem Zerfall derselben ein Weitergreifen sowohl in die Tiefe, wie in die Fläche erleiden u. s. w."

„Die tuberkulöse Laryngitis entwickelt sich unter dem Einfluss der allgemeinen constitutionellen Tuberkulose und gesellt sich meist erst zu den vorgeschrittenen Stadien der tuberkulösen Lungenphthisis hinzu."

„Was die genetische Beziehung der tuberkulösen Laryngitis betrifft, so liesse sich eher als an eine Infection durch die Bronchialsputa an einen vermittelnden Einfluss des die Lungen wie den Larynx in gleicher Weise versorgenden N. vagus denken (?), wofür wenigstens aus der Thatsache, dass die tuberkulöse Laryngophthisis, ebenso wie die Lungenphthisis meist auf der rechten Seite in höherem Grade vorhanden ist, eine schwache Stütze zu entnehmen wäre."

Toulmouche[1] sagt: „J'avoue que ce n'est que par analogie ou de fortes probabilités, que je peux admettre que ces ulcérations du larynx se forment de la même manière et par la même cause que celles qu'on observe sur la muqueuse des intestins dans la seconde et dernière periode de la phthisie pulmonaire, c'est à dire par le developpement d'un ou plusieurs tubercules ayant leur siège au-dessous d'elle, l'enflammant par leurs transformations successives et finissant par l'éroder et l'ulcérer; je n'ai jamais rencontré de tubercules, n'ayant toujours trouvé les ulcerations du larynx que complètes, en sorte que je n'ai pu prendre la nature sur le fait, comme dans l'intestin."

Im Uebrigen sollen die Larynxulcerationen in $^9/_{10}$ aller Fälle sich in der zweiten oder letzten Periode der Lungenphthise entwickeln, in einer kleineren Zahl von Fällen jedoch bereits längere oder kürzere Zeit vor der Lungentuberkulose da sein, ja sogar Veranlassung zu deren Entwickelung geben können. Den Beweis hierfür bleibt Toulmouche allerdings schuldig, da die betr. Ulcerationen intra vitam nicht gesehen werden konnten, sondern nur aus gewissen Symptomen auf ihr Vorhandensein geschlossen wurde; auch sollen Trachealulcerationen bei Phthisikern häufiger vorkommen, als die Ulcerationen im Larynx und um so oberflächlicher sein, je zahlreicher und je weiter nach abwärts im Trachealrohre sie gefunden werden. Für die Entstehung dieser letzteren ist Toulmouche mehr geneigt, die Louis'sche Theorie zu acceptiren.

Wunderlich[2] hält für wahrscheinlich, dass die chron. catarrhal. Laryngotracheitis, womit er die Kehlkopfschwindsucht bezeichnet, „sofern

---

[1] Toulmouche, Études cliniques sur les ulcér. du larynx. *Arch. génér.* 1857.
[2] Wunderlich, *Handb. d. Pathol. u. Ther.* III. 2. Stuttgart 1856.

sie nicht selbst (was ungewöhnlich) von Tuberkelinfiltration der dortigen
Follikel abhängig ist, von dem reichlichen Auswurfe herrühre, der fortwährend die Schleimhaut passirt; sie finde sich daher auch vorzugsweise
bei Lungenphthisis mit reichlicher Expectoration".

„Tuberkelabsetzungen kommen an der Trachea höchst selten vor; am
Kehlkopfe sind sie etwas häufiger. Sie entwickeln sich daselbst fast nie
anders, denn sekundär in Folge von Lungentuberkulose. Der Tuberkel sitzt
als mässig grosser käsiger Knoten in dem verbindenden Zellgewebe des
Larynx und seiner Umgebung, oder in kleineren Körnern in dem submukösen Zellstoff und in der Schleimhaut selbst." Ersteres könne man „zuweilen" sehen, letzteres sei „als höchst selten angesehen".

Geschwüre des Kehlkopfs und der Trachea kommen vor nach Wunderlich „weitaus am meisten bei tuberkulösen Individuen, wenn auch dabei
der Process im Larynx gewöhnlich nur ein gemein-catarrhalischer ist".

Nach Rühle[1] hat weder bei den acuten noch den chronischen Veränderungen der Tuberkulose das, was die anatomische Untersuchung liefert.
Aehnlichkeit mit der Tuberkulose anderer Schleimhäute, insbesondere
der Darm-Schleimhaut.

„So auffallend es ist, dass ein so häufig erkranktes Organ, wie der
Kehlkopf, die gewöhnliche Ablagerung von Tuberkeln und deren weitere
Veränderung nicht erkennen lässt, so muss ich doch den Anatomen bei-
stimmen, welche, wie die meisten Franzosen, den Tuberkel im Kehlkopf
nie oder äusserst selten gesehen haben und erinnere dabei an die ebenfalls sehr grosse Seltenheit des Tuberkels in der Magenschleimhaut, gegenüber der Häufigkeit desselben in der Darmschleimhaut, während doch die
Functionen des Magens sehr oft gestört, die Magenschleimhaut in der
Tuberkulose sehr oft erkrankt gefunden wird. Ich befinde mich daher in
einer peinlichen Lage denen gegenüber, welche die in der Tuberkulose vorkommenden Kehlkopfgeschwüre einfach aus dem Zerfall des Miliartuberkels
ableiten, weil ich es mir nicht erklären kann, wie Andere das, wonach
ich seit Jahren suche, und was ich bei mehreren hundert Sectionen
Tuberkulöser nur zweimal gesehen habe, als etwas Alltägliches beschrei-
ben. Aber charakteristisch habe ich die Kehlkopfverschwärung in der
Tuberkulose allerdings gefunden und in diesem Sinne rede ich von einer
Kehlkopftuberkulose".

Hiermit bezeichnet Rühle die chronische Art der Erkrankung,
welche so entsteht, dass zunächst „eine Schwellung der Schleimhaut von
grauer, durchscheinender Art" auftritt, in der man zuweilen gelbliche opake

---

1 Rühle. Die Kehlkopfkrankheiten. Berlin 1861, und Bericht über die Naturf.-
Vers. in Königsberg. 1860.

Punkte sieht, welche von den gefüllten Drüsen herzurühren scheinen. Durch oberflächliche Erweichung des Infiltrats entstehen unregelmässige Geschwüre, welche in die Tiefe dringen und die darunter liegenden Knorpel bloslegen. Diese Geschwüre haben eine unregelmässige Form, einen unebenen Boden und die Ränder erscheinen zackig, hart. Die Umgebung ist, wie Boden und Rand, blass, und in den späteren Stadien entstehen an letzteren oft knötchenförmige Wucherungen, welche man mit Miliartuberkel verwechseln kann; auch werden die fettig entarteten Knorpel nicht selten blosgelegt, namentlich am Kehldeckel und erscheinen auf dem Boden als gelbe, halbweiche Masse, die wie käsiger Tuberkel aussieht." Zuweilen bilden sich an den Rändern dieser Geschwüre gelbliche, festhaftende Exsudate, sehr oft bleiben ferner rundliche Rudimente der infiltrirten Schleimhaut auf dem Boden oder an den Rändern stehen, die wie graue Tuberkel aussehen, und diese insgesammt lassen dann eine Aehnlichkeit mit einem aus miliaren gelb gewordenen Tuberkel entstandenem Geschwüre erkennen, welche aber durch die mikroskopische Untersuchung verschwindet. Diese chronischen tuberkulösen Kehlkopfgeschwüre sollen in seltenen Fällen heilen.

In aetiologischer Beziehung ist Rühle der Ansicht, dass Kehlkopfstuberkulose vollständig ausgebildet vorkommt, bevor noch auf der Lunge eine Affection nachweisbar ist, dass aber in den meisten Fällen das Verhältniss umgekehrt ist und dass endlich die Beobachtungen noch nicht als glaubwürdig zu betrachten sind, welche bei an Kehlkopfstuberkulose zu Grunde gegangenen Individuen die Lungen vollständig gesund schildern. Gegen die Louis'sche Ansicht von der Entstehung der Ulcerationen führt er, ausser dem häufigen Fehlen der Cavernen bei vorgeschrittener Ulceration, die zahlreichen Fälle an, in denen bis zur Zeit intensiver Kehlkopfssymptome noch gar kein oder nur ein ganz indifferenter Auswurf stattgefunden hat. Nach Rühle findet man fast bei einem Drittheil der an Tuberkulose Verstorbenen Veränderungen im Kehlkopf. Sitz derselben ist am häufigsten: untere Hälfte der Epiglottis-Innenfläche, Innenfläche der Lgg. aryepiglott. und Aryknorpel, Taschenbänder, vorderer Winkel, Ventrikel und wahre Stimmbänder. Durch Zerfall der Tuberkel entstehen kleinere, dann ein grösseres

Rokitansky[1] bezeichnet den Tuberkel, als „eine in den Luftwegen, und zwar einerseits im Kehlkopfe, andererseits in den Bronchien sehr häufige Erscheinung." Im Kehlkopfe komme er kaum anders als im Gefolge von Lungenphthisis vor. Sein Sitz sei die Schleimhaut der hinteren Kehlkopfswand über dem Musc. transversus, und ausnahmsweise andere Stellen. Durch Zerfall der Tuberkel entstehen kleinere, dann ein grösseres

---

[1] Rokitansky, Lehrbuch d. pathol. Anatomie. III. Wien 1861.

Geschwür und dieses breite sich durch fortgesetzte Tuberkelbildung in Rändern und Basis nach Fläche und Tiefe aus und führe zu ausgebreiteten Zerstörungen.

„In der Luftröhre kommt mit Ausnahme einer vom Larynx herab fortgesetzten tuberkulösen Ulceration der Tuberkel nicht vor."

Rilliet u. Barthez[1] schreiben: „Il est très rare de voir les tubercules se déposer sous la membrane muqueuse du larynx ou de la trachée. Nous n'avons observé qu'un seul fait de tuberculisation de la trachée. (Dans le fait que nous avons observé, la membrane muqueuse de la trachée présentait un grand nombre de points blanchâtres percés d'un pertuis central qui correspondait à un petit corps jaune sous-muqueux tuberculeux, du volume d'une tête d'épingle).

Les ulcérations existent quelquefois en même temps dans le larynx et dans la trachée; mais il n'est pas très rare d'observer ces dernières isolées.

La laryngo-trachéite ulcéreuse coïncide dans la très grande majorité des cas avec une tuberculisation considérable, qui d'ordinaire est concentrée plutôt dans le poumon que dans d'autres organes.

C'est donc principalement chez les enfants atteints de phthisie pulmonaire qu'on doit s'attendre à la rencontrer."

Angeführt werden 16 Fälle: 9 mal war der Larynx, 4 mal die Trachea allein befallen, 3 mal beide; die Ulcerationen sassen fünfmal an den Stimmbändern, je 2 mal am vorderen Winkel, an den cart. arytaen. und zerstreut im Larynx, 1 mal an der Basis der Epiglottis.

„Les ulcérations des voies respiratoires (larynx, trachée) ne s'observent guère que chez les enfants qui ont dépassé l'âge de sept ans; cette remarque, vraie d'une manière générale, ne souffre pas d'exception dans les cas où les ulcérations sont très nombreuses, tandis que lorsqu'elles sont très petites ou très rares on voit quelquefois la maladie se développer chez des enfants de 3 à 4 ans."

Von den 16 Kindern waren je 4 : 3—4½ und 7—8 Jahr, 8 : 10 bis 14 Jahr alt.

Bezüglich der Entstehung der Ulcerationen stehen Rilliet und Barthez vollkommen auf dem Louis'schen Standpunkte.

„Plusieurs considérations viennent appuyer l'opinion de ce savant pathologiste: 1° c'est presque exclusivement chez les enfants qui expectorent, que l'on observe ces ulcérations; 2° elles sont d'autant plus nombreuses que l'expectoration est plus abondante; 3° les bronches sont ordinaire gorgées de liquide grisâtre, aéré, fétide. Nous rangeons donc les phlegmasies laryngotrachéales des phthisiques parmi celles qui reconnaissent une cause

---

2 Rilliet u. Barthez, *Traité cl. des malad. des enfants*. III. Paris 1861.

locale, et qui sont, pour ainsi dire, traumatiques. Nous ne voulons pas dire cependant, que cette cause soit unique et exclusive. Nous verrons les bronches s'enflammer et s'ulcérer chez des phthisiques en dehors de cette influence; nous admettrons alors que ces phlegmasies des membranes muqueuses peuvent être attribués à la diathèse seule ou unie à la cause locale et fortifié par elle. Plusieurs faits nous portent à penser qu'il peut en être de même ici; mais nous avons besoin de nouvelles observations pour appuyer cette manière de voir. —

Si les ulcérations du larynx n'ont pas une haute gravité (pour le pronostic) le fait même de leur apparition indique en général que la phthisie n'est pas loin de se terminer pas la mort."

Lewin[1] lässt für die Entstehung der Ulcerationen auf der hinteren Larynxwand im Interarytaenoidalraume theils die Louis'sche Infections- und Corrossionstheorie gelten, theils ebenso häufig an dieser Stelle „die Tuberkulose ihre Knötchen einsprengen." Rheiner gegenüber bestreitet er, dass die von diesem an den Ansatzstellen der Plicae aryepigl. an der Epiglottis beschriebenen Infiltrate und Ulcerationen durch Reibung der Spitzen der Aryknorpel an jenen Stellen „beim lebhaften Auf- und Zuschlagen des Kehldeckels" entstehen, da eine Berührung der betreffenden Stellen untereinander ebensowenig vorkomme wie ein heftiges „Auf- und Zuschlagen" des Kehldeckels, während er die fortgesetzte Reibung der Spitzen der Proc. vocales an einander, zumal bei catarrh. Schwellung der Schleimhaut, mit Rheiner allerdings als Veranlassung ansieht für die daselbst so häufig vorkommenden Geschwüre, deren Vorkommen an dieser Stelle ihm ausserdem „zur Feststellung der Tuberkulose für sehr charakteristisch" erscheint.

Nach Förster[2] finden sich Tuberkel im Kehlkopfe primär sowohl als bei entwickelter Lungentuberkulose. Die grauen oder gelben Tuberkel sitzen in der Schleimhaut und im submukösen Zellgewebe an der hintern Kehlkopfswand zwischen den Giesskannenknorpeln, erweichen rasch und bilden kleine, trichterförmige Geschwüre, die meist zusammenfliessen und durch Zerfall neuer in der Basis und den Rändern entwickelter Tuberkel ausgebreitete Zerstörungen bewirken, Abscesse im submukösen Zellengewebe, Nekrose des verknöcherten Knorpels zur Folge haben.

„Heilung kann unter Narbenbildung erfolgen. Tuberkel in der Trachea sind selten: sie sind sparsam oder zahlreich und bewirken durch ihren Zerfall kleinere und grössere Ulcera."

—

[1] Lewin, Ueber Krankheiten einzelner Theile des Larynx etc. Virchow's *Archiv*, XXIV. 1862.

[2] Förster, *Lehrbuch der pathol. Anatomie.* Jena 1864.

Am bestimmtesten unter Allen spricht sich Virchow[1] aus:

„Liegen die miliaren Körner sehr oberflächlich in einer Haut, welche äusseren Umbilden häufiger ausgesetzt ist, so zerfallen sie oft von ihrer Oberfläche aus und erzeugen kleine, seichte, einfache Tuberkelgeschwüre, ohne dass sie jemals käsig werden oder zu einer irgend nennenswerthen Geschwulstbildung Veranlassung geben. Hierin gehören vor Allem die Tuberkel des Larynx, aus welchen die tuberkulöse Larynx-Phthisis hervorgeht. Selbst sorgfältige Untersucher der neuesten Zeit haben den eigentlich tuberkulösen Charakter dieser Phthise im Zweifel gezogen, weil sie nichts Käsiges bemerkten und es ist seit Louis vielfach die Ansicht aufgestellt, als handele es sich nur um eine Art von Excoriation der Schleimhaut durch das scharfe Secret der Sputa. Diese Ansicht findet sich schon bei Sylvius. Meine Erfahrung ist, wie die von Rokitansky, eine ganz entgegengesetzte, und ich empfehle gerade den Larynx für alle diejenigen, welche den wahren Tuberkel studiren wollen.“

Nach ebendemselben gehen den tuberkulösen Kehlkopfgeschwüren miliare Knötchen in der Schleimhaut constant voraus, wenn sie auch nur in früheren Stadien noch sichtbar sein mögen.

Türck[2] will das Vorkommen tuberkulöser Kehlkopfgeschwüre nur bei einer geringen Anzahl von Fällen gelten lassen und bezeichnet als die am häufigsten bei Lungentuberkulose vorkommenden Larynxgeschwüre die „catarrhalischen“ und dann die „follikulären:“ „es lässt sich aber nicht in Abrede stellen, dass eine gewisse Anzahl von Geschwüren, in denen der Nachweis nicht mehr herzustellen ist, dennoch ihren Ursprung von Kehlkopftuberkulose genommen haben können.“

In seinem Atlas ist ein Fall abgebildet, bei welchem er makroskopisch-laryngoskopisch die Ränder der Geschwüre theilweise mit Tuberkeln besetzt gesehen haben will.

Gegen die von Louis behauptete Entstehung der Kehlkopfgeschwüre führt Türck an, dass dieselben sowohl nach der Beobachtung an der Leiche, als auch besonders nach der laryngoskopischen Beobachtung oft derart auf gewisse Stellen beschränkt seien und sich oft laryngoskopisch nachweisbar aus so beschränkten Schleimhautentzündungen entwickelten, dass jene Theorie ausgeschlossen werden müsse.“

Im Uebrigen betont er die „überwiegende Gleichseitigkeit“ zwischen Lungentuberkulose und Kehlkopfulceration, die auch Schrötter[3]

1 Virchow, *Geschwülste*. II. Berlin 1864/65.
2 Türck, *Klinik der Krankheiten des Kehlkopfes und der Luftröhre*. Wien 1866.
3 Schrötter, *Jahresberichte der Klinik für Laryngoskopie*. Wien 1871 u. 1875.

gefunden haben will. „Leichtere Fälle von Geschwüren können, wenn das Lungenleiden still steht, zur Heilung kommen."

Colberg[1] spricht sich folgendermaassen aus: „die meisten Ulcerationen, die ich im Larynx bei chronisch-catarrhalischer und ulcerativer Pneumonie beobachtet, waren ebenfalls nicht durch wahre Tuberkulose bedingt, und muss ich mich der Ansicht derer anschliessen, die den Tuberkel im Larynx für selten vorkommend erklären. — Nach meinen Erfahrungen gehen die Geschwürsbildungen in diesem Organ am häufigsten von einer Schwellung und Verkäsung der zelligen Elemente der Schleimdrüssen aus. Ich nehme mit Rheiner an, dass die Schleimhaut des Larynx durch chronisch-catarrhalische Zustände gelockert wird und dass sich dann am leichtesten an der Stelle, die am meisten mechanischen Insulten ausgesetzt ist, zuvörderst oberflächliche Ulcerationen entwickeln. Hierfür spricht das besonders häufige Vorkommen der Geschwüre an den processus vocales. Diese werden durch die regelmässig bei chronischen Lungencatarrhen geschwellten Schleimdrüsen (glandulae arytaenoideae) durch den dadurch auf den Giesskannenknorpel ausgeübten Druck, in noch innigere Berührung kommen müssen. Bekanntlich sind diese Drüschen tief eingesenkt, zum Theil bis an das Perichondrium reichend, welches dann früher oder später durch die geschwellten und verkäsenden Drüsen- und Bindegewebselemente ihrer unmittelbaren Nachbarschaft mit in den chronischen Entzündungsprocess hineingezogen und dadurch dann schliesslich die nicht seltene Nekrose der Giesskannenknorpel herbeigeführt wird. Kommen auch die „skrophulösen" Larynxgeschwüre an der erwähnten Stelle zuerst und am häufigsten zur Beobachtung, so können sie sich indess auch von den anderen Scheimdrüsen des Larynx und der Trachea aus entwickeln."

E. Wagner[2] hat den reticulirten Tuberkel (das tuberkelähnliche Lymphadenom) in Larynx und Trachea „nie in der rein miliaren Form, sondern stets nur in dieser zugleich mit der diffusen Form, meist aber in letzterer allein" gefunden. An den nicht ulcerirten Stellen ist die Schleimhaut bis zum Doppelten und darüber verdickt, das Epithel bisweilen ganz intact; das Gewebe besteht aus gefässarmen cytogenem, meist diffusem Gewebe, zeigt aber in einzelnen Fällen gefässlose Lymphfollikel mit oder ohne Riesenzellen, welche am häufigsten in der obersten Schicht unter dem Epithel liegen. Das submuköse Gewebe ist in verschiedener Ausdehnung auf dieselbe Weise umgewandelt.

---

[1] Colberg, Beiträge zur normalen und pathologischen Anatomie der Lungen. *Archiv für klin. Med.* II. Leipzig 1867.

[2] Wagner, Das tuberkelähnliche Lymphadenom. *Archiv d. Heilkunde.* 11. 12. Leipzig 1870/71.

Ders. *Handbuch d. allgem. Pathologie.* Leipzig 1876.

„Eine besondere Eigenthümlichkeit des Lymphadenoms der Luftwege besteht darin, dass die zahlreichen und grossen Schleimdrüsen dieser Theile, selbst da, wo jene Neubildung die Mucosa und Submucosa vollständig einnimmt, sowohl in ihren Ausführungsgängen als in den Acini wohl erhalten oder nur in mässigem Grade erweitert sind.

An den Geschwürsstellen fehlen die Epithelzellen (nur die kleinsten makroskopisch kaum sichtbaren zeigen bisweilen noch eine Lage). Das blossliegende cytogene Gewebe des Geschwürsgrundes zeige meist zwischen seinen Lücken statt freier Kerne oder Zellen grössere, meist mehrkörnige „Eiterkörperchenähnliche" Zellen und ein äusserst feines Reticulum. Zuweilen besteht die Neubildung grösstentheils aus gewöhnlichem gefässreichen Granulationsgewebe."

Während übrigens das Vorkommen des secundären Tuberkels auf der Respirationsschleimhaut bei primärer Lungentuberkulose häufig sei, kommen primäre Tuberkel auf jener nie oder äusserst selten vor. Die Entstehung secundärer Tuberkel erkläre sich bald auf dem Wege der Verbreitung derselben durch Lymph- und Blutgefässe, bald sei sie unerklärt wie vorzugsweise die Tuberkulose der Schleimhaut der grossen Luftwege: vielleicht erfolge in diesen Fällen eine directe Aufnahme durch die Schleimhautepithelien.

Wahlberg[1] untersuchte 8 Kehlköpfe „exquisit tuberkulöser Individuen." Er fand constant: rund um den Geschwürssubstanzverlust „eine zellige qualitativ nicht von gleichartigen Processen bei andern pathologischen Zuständen sich unterscheidende Infiltration um die Drüsen selbst oder um ihre Ausführungsgänge herum; ferner ein eigenthümliches netzartiges Gebilde im Grunde und Rande des Geschwürs mit Spindelzellen und Gefässen und endlich am Rande des Geschwürs stark wucherndes Epithel, welches „cancroidzapfenartige stark hypertrophirte Papillen in das subepitheliale Bindegewebe sendet." Ausserdem sah er, „theils wo noch kein Geschwür vorhanden, theils an der Seite, theils am Grunde des Geschwürs, von obigem Netze umgeben, immer subepithelial, einen Zellenhaufen, der auf einigen Stellen wie begrenzt aussieht und in seiner Mitte ein grosses, rundes compactes Centrum von sehr fein granulirter Beschaffenheit besitzt. Das Ganze gleicht einem im Absterben begriffenen Tuberkel und muss wohl auch als ein solcher aufgefasst werden."

Waldenburg[2] gibt an, dass sich Miliartuberkel zwar häufig an der Umrandung oder in der Umgebung von Geschwüren befinden, man habe

---

[1] Wahlberg, Das tuberkulöse Geschwür im Kehlkopfe. *Wiener med. Jahrbücher.* 1872.

[2] Waldenburg, *Die locale Behandlung der Krankheiten der Athmungsorgane.* Berlin 1872.

aber kein sicheres Kriterium dafür, dass sie auch primär bestanden und das Geschwür veranlasst haben. Die häufige Heilung von Larynx-geschwüren bei Phthisikern und das primäre Auftreten von ulcerativer Laryngitis bei erst secundär an Lungenschwindsucht erkrankenden Individuen, was er Beides mit Sicherheit constatirt hat, hält ihn ab, jede Phthisis laryngis als Tuberkulose zu deuten, vielmehr seien viele Fälle auf follikuläre Ulcerationen oder auf „directe Verschwärung des Schleimhautgewebes" zurück-zuführen: eine Differentialdiagnose zwischen beiden Processen sei jedoch bisher nicht möglich. In aetiologischer Beziehung lässt er übrigens die Louis'sche Infectionstheorie zu. „Laryngoskopisch liessen sich bisher beim Lebenden Miliartuberkel nicht nachweisen."

Mandl[1] unterscheidet „différentes par leur debut, leur marche et par quelques caractères anatomiques", zwei Arten von phymie laryngée tuber-culeuse: „l'une est primitive et apparaît longtemps avant que, par des signes rationnels, on ne puisse constater l'existence des tubercules dans les poumons, qui, cependant, finissent toujours par apparaître; l'autre est con-sécutive ou secondaire et apparaît à une époque plus ou moins avancée de la phthisie pulmonaire incontestée.

L'une et l'autre de ces deux variétés de la phymie laryngée doit son existence à la présence de la matière tuberculeuse, qui se présente sous forme de granules qui sont isolés ou qui consistuent l'infiltration lorsque ils sont confluents.

Die „phymie primitive" soll sich von der „phymie secondaire" unter-scheiden dadurch, dass noch bevor eine Entzündung sich zeigt „végé-tations primordiales plus ou moins nombreuses, de grandeur diffé-rente, de la couleur de la muqueuse voisine ou plus pâles etc." auf der Vorderfläche der hintern Larynxwand auftreten, welche Mandl bei der phymie secondaire niemals hat constatiren können.

Der Verlauf der Phthisis laryngis soll bei der primären Form viel langsamer sein, als bei der secundären und soll sie in ersterer sogar einige Jahre lang stationär bleiben können. Fälle von Heilung sind Mandl nicht bekannt.

„La seule cause prédisposante est la tuberculose;" die „phthisie galopante" der Lungen führe ebensowenig wie die „phthisie rapide" derselben die Tuberkulose des Larynx herbei, auch könne die Berührung der Sputa nicht die Ulcerationen veranlassen, denn dann müssten solche in viel grösserer Zahl bei der Bronchorrhoe und dem Lungenbrande vorkommen, auch sei durch nichts überhaupt bewiesen, dass der Contact der Sputa Ulcerationen der Schleimhaut erzeugen könne. Bezüglich des Alters und Geschlechts

---

[1] Mandl, *Traité des mal. du larynx.* Paris 1872.

betont Mandl das ausnahmsweise Vorkommen bei Greisen und Kindern
(bei diesen kaum eher als gegen die Pubertätszeit) und das überwiegende
Befallenwerden der Männer. Ausserdem will Mandl constatirt haben,
dass die phymie laryngée consécutive viel zeitiger auftrete, wenn die rechte
Lunge der Hauptsitz der Tuberkulose sei. Welcher Werth dieser Behauptung beizumessen ist, geht daraus hervor, dass die betreffenden Beobachtungen vor Anwendung des Laryngoskopes gemacht und die Diagnose der
Kehlkopfsphthisis einzig und allein auf Grund constatirter „altération de
la voix manifeste" gestellt worden war. Selbst wenn aber die Beobachtungen
thatsächlich richtig wären, würde die von Mandl versuchte Erklärung:

„J'ai cherché à expliquer cette différence latérale par la compression
exercée sur le récurrent par les tubercules siégant au sommet du poumon;
celui-ci en effet rampe à gauche entre la trachée et l'oesophage, et échappe
ainsi, protegé par ce dernier, à la compression qui entraîne la dégénéresence
graisseuse des muscles intrisèques correspondants" als Erklärung nicht betrachtet werden können.

Nach R. Meyer[1] ist zwar „unstreitig das Vorkommen von miliaren
Tuberkeln auf der Kehlkopfschleimhaut am Leichentische constatirt," doch
fand er selbst weder makroskopisch noch mikroskopisch solche in Larynx-
geschwüren, und er will deshalb „vor der Hand dem Miliartuberkel der
Kehlkopfschleimhaut keine Mitwirkung zur Entstehung von schwindsüchtigen
Geschwüren zugestehen" und erklärt die prima causa der Kehlkopfschwindsucht für ebenso dunkel wie bei der Lungenphthisis.

Schech[2] erklärt zwar auf die Autorität von Virchow, Rokitansky
und Anderer hin, das Vorkommen wirklicher Tuberkel im Larynx für fest-
stehend, doch sei es selten und er selbst hat solche auf der Schleimhaut
auch noch nicht beobachtet, dagegen sah er Tuberkel einmal in den Kehlkopfmuskeln einer an Perichondritis der Giesskanne verstorbenen Tuberkulösen. Zu den grössten Seltenheiten gehöre die primäre auf den Kehlkopf beschränkte Miliartuberkulose, von der Ter Maten 2 Fälle
gesehen haben will, wenn schon die Möglichkeit des Vorkommens zuge-
geben sei. Die Bezeichnung „laryngitis tuberculosa" erscheine deshalb nur
für eine sehr beschränkte Anzahl von Fällen gerechtfertigt und müsse als
Collectivname für die überhaupt bei Phthisikern vorkommenden Larynx-
affectionen ganz verlassen werden. „Die überwiegende Mehrzahl der Kehl-
kopserkrankungen der Phthisiker muss auf catarrhalisch-entzündliche Zu-

---

[1] R. Meyer. Der gegenwärtige Stand der Frage von der Kehlkopfsschwindsucht.
Schweizer Corresp.-Bl. 13. 1873.
[2] Schech, Die Affection des Kehlkopfes in ihrer Beziehung zur Phthise. *Bayer.*
Int.-Bl. 25. 1874.

stände zurückgeführt werden, welche durchaus nichts Specifisches an sich tragen." Zur Erklärung ihres Vorkommens zieht Scheeh einerseits die Louis'sche Infectionstheorie im Sinne Rindfleisch's herbei unter gleichzeitiger Betonung des mechanischen Momentes der Reibung, andererseits weist er auf die Möglichkeit der Fortpflanzung des entzündlichen Processes in aufsteigender Richtung hin, indem „der aus den Lungen oder dem peribronchialen Gewebe stammende feinkörnige Gewebsdetritus durch die Blut- und Lymphbahnen in den Larynx verschleppt werde und dort durch capilläre Embolien entzündungserregend einwirke." Für letztere Erklärung spreche vor Allem die Beobachtung, dass der Kehlkopf oft nur auf der Seite erkrankt, deren Lunge afficirt ist, und dass da, wo beide Lungen erkrankt sind, sehr häufig die Kehlkopfaffection auf derjenigen Seite intensiver hervortritt, wo die Lungenaffection schon weiter vorgeschritten ist.

Schrötter hat (l. c.) laryngoskopisch „als ganz charakteristischen Befund bei den Ulcerationen im Gefolge von Tuberkulose nur kleine, stecknadelkopfgrosse, gelbliche Infiltrate in der Schleimhaut gefunden, an deren Stelle man nach einiger Zeit seichte, sich mehr und mehr ausbreitende Ulceration sah."

Nach Tobold[1] wird die Laryngitis tuberculosa bedingt entweder durch das Vorhandensein einer tuberkulösen Infiltration der Schleimhaut oder durch das Bestehen und die weitere Entwickelung einer Miliartuberkulose. Beide Formen sollen gesondert oder neben einander vorkommen und sollen auch die laryngoskopischen Bilder je nach dem Character der beiden Formen differiren. „Die Miliartuberkulose, welche seltener beobachtet wird, zeigt kleine, graue miliare Tuberkelkernchen in geschwelltem Schleimhautgewebe disseminirt, welche später gelb werden, erweichen und bei ihrem Zerfall kleine hirsekorngrosse oder linsenförmige Geschwürchen bilden. Letztere dehnen sich sowohl in die Tiefe, in das submuköse Gewebe, als auch „in die Fläche, und zwar bisweilen mit beträchtlichem Umfange durch Ineinanderfliessen und neue Ablagerung von miliaren Knötchen aus und geben in dieser Weise zur Nekrose der Kehlkopfknorpel Anlass." Ob dieser Beschreibung eigene mikroskopische oder pathologisch-anatomische Untersuchungen zu Grunde liegen, ist nicht ersichtlich.

Laryngoskopisch unterscheidet und diagnosticirt Tobold 3 Stadien der „laryngitis tuberculosa." Im ersten Stadium, welches er mit dem Namen „leichte tuberkulöse Infiltration" bezeichnet, soll man „an dem Grund der hintern Kehldeckelgegend, an den Taschenbändern und Ary-

---

[1] Tobold, *Laryngoskopie und Kehlkopfkrankheiten.* Berlin 1874.

epiglottis-Falten — kleine von infiltrirten Drüschen herrührende Erhebungen bemerken, welche in matter, grauer, bisweilen opaker Färbung durchschimmern." Im zweiten Stadium sollen sich „unregelmässige, in einander laufende zackig gerändete Geschwürchen an den follikelreichen Partien, also an dem Epiglottiswulst, an der hinteren Larynxwand, an den Spitzen der Stimmbandfortsätze zeigen" und soll „mit Eintritt dieses Stadiums auch schon die unverkennbare totale Infiltration der Epiglottis beginnen." „Im letzten Stadium hat die Infiltration in dem Maasse zugenommen, dass der auffallend in das Spiegelbild tretende Kehldeckel einen Dickendurchmesser von 3—4 Linien erreicht hat. In die Tiefe gehende, unregelmässig gezackte Geschwüre, häufig diphtheritischer Natur, auch mit papillären Wucherungen besetzt, namentlich an der hinteren Larynxwand, breiten sich ringsherum innerhalb der Kehlkopfhöhle aus" etc. Die Stimmbänder sollen „eine merkliche Destruction im Verhältniss zu den anderen Larynxtheilen nicht erleiden."

Im Uebrigen entwickelt sich nach Tobold die tuberkulöse Laryngitis nur unter dem Einfluss der allgemeinen constitutionellen Tuberkulose und kommt eine „selbstständige Phthisis laryngealis" nicht vor.

Als ein Hauptgegner der Entstehung von Kehlkopfsschwindsucht in Folge von Tuberkulose der Kehlkopfschleimhaut ist neuerlich Rindfleisch[1] in die Schranken getreten. Nicht tuberkulös (im Sinne: nicht miliartuberkulös) sind nach ihm die von den Schleimdrüsenöffnungen ausgehenden Verschwärungen des Larynx und der Trachea, wie sie Rindfleisch „allerdings bis jetzt nur an dieser einen Stelle und in diesem einen Falle gefunden hat und welche er daher vor der Hand als eine Besonderheit der Laryngotrachealschleimhaut und speciell als einen sehr wichtigen Bestandtheil jenes anatomischen Ensemble's, welches wir kurzweg als Kehlkopfsschwindsucht bezeichnen," ansehen zu müssen glaubt. Er beschreibt ausführlich Beginn und Verlauf solcher Drüsenverschwärungen, allerdings speciell nur, wie er sie auf der Trachealschleimhaut beobachtet haben will. Der Process soll mit „Eiterbildung im Drüsenausführungsgange" beginnen, welche sehr bald in eine Eiterbildung mit Substanzverlust, in Verschwärung übergeht. „Wir erhalten ein kreisrundes-trichterförmiges Geschwür mit schmalem, aber intensiv gelbem Saum, durch welchen es sich scharf von der umgebenden hyperämischen Schleimhaut absetzt. In der Mitte des Substanzverlustes bildet entweder der erweiterte Ausführungsgang oder die Drüse selbst oder nach Erweiterung des Drüsenkörpers eine entsprechend grosse rundliche Höhlung zugleich die tiefste Stelle des Geschwürsbodens, so dass die

---

1 Rindfleisch, *Lehrbuch der pathol. Gewebelehre*. IV. Aufl. Leipzig 1875.

catarrhalische Verschwärung der Drüsenausführungsgänge in der That Eigenthümlichkeiten genug besitzt, um sie von verwandten Zuständen zu unterscheiden. Erst wenn im weiteren Verlauf das Geschwür sowohl der Fläche als der Tiefe nach um sich greift, verwischen sich seine ursprünglichen Charactere. Durch Confluenz benachbarter Geschwüre entstehen z.B. „trauben-förmige" Contouren, dieselben, welche man gewöhnlich als charakteristisch für das „tuberkulöse" Geschwür angesehen hat, ja die Traubenform ist hier besonders schön und noch deutlicher ausgeprägt als an den tuberkulösen Geschwüren des Darms. Das Vorrücken des Geschwürsgrundes in die Tiefe wird namentlich durch die Vereiterung der Schleimdrüsenkörper begünstigt. Eine eiterige Entzündung des umhüllenden und interstitiellen Bindegewebes der Drüse führt zum Zerfall und zur Auflösung der Acini. Die ganze Drüse schmilzt weg und wenn wir erwägen, dass die Schleimdrüsen der Luftwege nicht in der Mucosa, sondern in der Submucosa liegen, so be-greifen wir, dass gerade diese Geschwüre am schnellsten „tiefgreifende" Zerstörungen herbeiführen. In der That finden wir den Geschwürsgrund sehr bald in der Nähe der Knorpelringe resp. der Kehlkopfknorpel ange-langt, und hiermit ein neues Feld der Zerstörung eröffnet." Nachdem Rindfleisch hierauf die an den Knorpeln zu beobachtenden Zerstörungen erörtert, fährt er also fort:

„Wenn wir somit sehen, dass die wichtigsten und hochgradigsten Zerstörungen des Larynx und der Trachea allein durch catarrhalische Entzündung und Verschwärung hervorgebracht werden, so fragen wir uns billig: Was bleibt da für die Tuberkulose zu thun übrig? Giebt es überhaupt Tuberkeln bei der Phthisis laryngea und welche Rolle spielen dieselben? — — — Ich muss daran festhalten, dass die eigentliche Zerstörung nicht durch den Zerfall von Miliartuberkeln, sondern mit den Mitteln der entzündlichen Neubildung zu Stande gebracht wird. Dessenungeachtet glaube ich mich überzeugt halten zu dürfen, dass miliare Tuberkel allerdings auch hier zur Entwicklung kommen können, indem ich mich einmal auf die Autorität Virchow's berufe, welcher un-zweifelhaft tuberkulöse Geschwüre am Larynx beobachtet hat, andererseits auf gewisse Vorkommnisse an den Querschnitten der oben beschriebenen Geschwüre, welche ich mir vorläufig nur als Eruptionen miliarer Tuberkel deuten kann. Man findet nämlich namentlich an den Geschwüren des Larynx und der Epiglottis sehr gewöhnlich in einiger Entfernung von der Oberfläche mitten im noch intactem Bindegewebe rundliche Zellenheerde von der Grösse etwa eines Drüsenacinus, welche die Carminfärbung an den Rändern ungleich begieriger annehmen, als in der Mitte, was auf eine kugelige Gruppirung hindeutet und sehr an das Verhalten der miliaren Tuberkel erinnert. Diese Tuberkel liegen freilich so vereinzelt und sind

neben der entzündlichen Infiltration der eigentlichen Geschwürsfläche so
geringfügige Neubildungen, dass ich sie nur als ein Unterpfand des Zu-
sammenhangs jener Processe mit der constitutionellen Tuberkulose ansehen
möchte. Höchstens könnte man ihnen den Werth eines permanenten Ent-
zündungsreizes zuschreiben und die Hartnäckigkeit und Neigung zu Recidiven,
welche jenen katarrhalisch entzündlichen Zuständen eigen ist, darauf zurück-
führen." —

Ziemssen[1] endlich versteht unter Phthisis laryngea „nur die durch
Miliartuberkulose und tuberkulöse (scrophulöse) Entzündung bedingten Verschwärungen des Kehlkopfes im Gefolge der Lungenschwindsucht." That-
sächliche Beweise für die tuberkulöse Natur dieser Verschwärungen werden
von ihm jedoch nicht beigebracht, vielmehr stützt er seinen Satz: „Wenn
wir hiernach das Vorkommen von Miliartuberkeln und echten tuberkulösen
Geschwüren im Kehlkopfe überhaupt nicht bezweifeln dürfen, so ist damit
noch nicht die Frage erledigt, in welcher Häufigkeit sie gegenüber anderen
nicht aus Miliartuberkeln hervorgehenden phthisischen Verschwärungen auftreten," nur einestheils auf die Aussprüche Virchow's und Förster's,
sowie auf die bezüglichen Stellen bei Rheiner, Hasse und Rindfleisch,
anderentheils darauf, dass von Ter Maten, Türck und Schech „Miliartuberkulose während des Lebens mit Bestimmtheit nachgewiesen worden sei":
auch er selbst habe „zwei derartige zweifellos tuberkulöse Eruptionen im
Kehlkopfe zu untersuchen Gelegenheit gehabt." Nebenbei findet er aber
in der von Virchow für den Kehlkopftuberkel statuirten oberflächlichen
Lage und seinem frühzeitigen Zerfall, ohne dass es zu Verkäsung oder Geschwulstbildung käme, „die Erklärung für die auffallende Thatsache,
dass so selten käsige Tuberkel im Larynx sowohl im Leben als post
mortem gesehen werden."

Als zweite Form der phthisischen Verschwärungen führt Ziemssen
die „follikulären Verschwärungen" an, wie sie von Rindfleisch
und Rheiner beschrieben worden sind.

„Eine dritte Form von phthisischen Geschwüren scheint weder
von zerfallenden Tuberkeln, noch von ulcerirten Follikeln, sondern von
einer specifischen Zellen- und Kern-Infiltration der subepithelialen Schleimhautschicht auszugehen." Auch für diese Form
wird Rheiner und seine Beschreibung derselben citirt, gleichzeitig acceptirt
Ziemssen dessen Erklärung für die lokale Praedilection der Geschwüre:

---

[1] v. Ziemssen, Handbuch der Krankheiten der Respirations-Apparate. I. 1.
Leipzig 1876.

„der Druck und die Zerrung der Spitzen der Proc. voc. und der Interarytae-
noidalregion bei der Phonation, der Spitze der Santorini'schen Knorpel
und des Randes der Ligg. aryepiglott. durch den Kehldeckel bei der
Deglutition ist sicherlich von grösster Wichtigkeit als reiztragendes Moment,
welches — — genügt, um eine entzündliche Zellenwucherung in der Schleimhaut mit secundärer durch Verkäsung der Zellenhaut bedingten Destruction
zu erregen."

Als vierte Form endlich „die oberflächlichste, flachste unter den
phthisischen Geschwüren", welche man als frische Geschwüre mit grauer
Basis und sehr grosser durch Confluenz bedingter Flächenausdehnung bei
Phthisikern ungemein häufig in der Trachea und im Kehlkopf neben offenbar ältern und tiefgreifenden Substanzverlusten findet, werden die aphthösen
oder Erosionsgeschwüre genannt. Man habe sie theils für tuberkulös
und identisch mit den tiefen Geschwüren, nur jüngeren Datums und erst
kurz vor dem Tode entstanden, theils für Corrosions- oder Infections-
geschwüre, hervorgerufen durch den reizenden Einfluss des jauchigen
Cavernensecrets oder endlich für aller Specificität ermangelnde
catarrhalische Erosionen und Geschwüre gehalten. Letztere Auffassung theilt Ziemssen nicht. Er bezeichnet diese Geschwüre als „eben
der Lungenphthisis eigenthümlich," steht im Uebrigen aber auf dem Boden
der Louis'schen Infectionstheorie, wenn er auch die Möglichkeit, dass die
aphthösen Geschwüre aus hinfälligen Miliartuberkeln hervorgehen, nicht
ausschliessen will; denn es seien directe lokale Beziehungen zu den Cavernen
nicht selten sehr deutlich wahrnehmbar. Wiederholt habe er bei Sectionen
Phthisischer, bei denen der ulceröse Zerfall lediglich auf den einen oberen
Lappen beschränkt geblieben war, die flachen Geschwüre von dem Hauptbronchus des Oberlappens durch den Hauptbronchus der betreffenden Lunge
sich nach der Trachea und dem Kehlkopf hin erstrecken sehen, während
in keinem der übrigen Bronchien sich ein Geschwür fand. „Solche Beobachtungen zwingen zur Annahme einer infectiös-destruirenden Ein-
wirkung des Cavernensecrets auf die oberflächlichste Schleimhautschicht;
allein worin diese begründet liegt und weshalb sie nicht bei allen Phthisikern
zur Erscheinung kommt, bleibt noch aufzuklären."

Der Ausgang in Heilung sei bei den chronisch-verlaufenden Geschwüren
zweifellos möglich, allein jedenfalls sehr selten. — Ziemssen hat selbst
zwei derartige Fälle behandelt, bei denen post mortem die Narbe constatirt
werden konnte.

In Bezug auf die zeitliche Abhängigkeit der Kehlkopfsphthisis von der
Lungenphthisis bezeichnet Ziemssen es als Regel, von der es nur seltene
Ausnahmen giebt, dass eine destructive Lungenaffection der Kehlkopfver-
schwärung vorausgeht. Indessen giebt er die Möglichkeit einer primären

Kehlkopfsphthisis zu, in deren Vorantritt an und für sich nichts Wunder-
bares gefunden werden könne, da ja auch in anderen Organen als der
Lunge primäre Tuberkeleruptionen vorzukommen pflegten und da die Möglichkeit, dass Abfälle der Kehlkopfgeschwüre in die Lunge aspirirt werden
und hier Phthisis erzeugen könnten, nicht von der Hand zu weisen sei.
Schliesslich bezeichnet Ziemssen die bekannten Sommerbrodt'schen [1]
Experimente an Kaninchen-Kehlköpfen als zur Entscheidung in der vorliegenden Frage für nicht geeignet. —

---

[1] *Archiv für experimentelle Pathologie.* I. 1873.

Statistisches.

Im pathologischen Institute der Universität Leipzig wurden in der Zeit vom 1. April 1867 bis 31. December 1876 4486 Sectionen gemacht. Unter diesen fanden sich phthisische, als Haupttodesursache zu betrachtende, Processe in den Lungen: bei 1226 Leichen, also in 27,3 % aller Fälle, und waren hiervon 917 = 74,7 % männlichen und 309 = 25,2 % weiblichen Geschlechts.

Unter diesen 1226 sind verzeichnet:

Ulcerationen im Larynx: bei 376 Fällen = 30,6 % aller Phthisen, und waren hiervon 309 = 82,1 % männl., 67 = 17,8 % weibl. Geschlechts;

Ulcerationen der Trachea: bei 99 Fällen = 8,0 %; aller Phthisen, und waren hiervon 84 männl. und 15 weibl. Geschlechts.

80 Mal (bei 66 Männern und 14 Weibern) = in 80,8 % aller Fälle von Trachealulcerationen fanden sich dieselben neben Ulcerationen im Larynx: 19 Mal = in 19,1 % (bei 18 Männern und 1 Weib) ohne letztere. Uebrigens darf angenommen werden, dass Larynx- und Trachealulcerationen bei Lungenphthisis in Wirklichkeit noch häufiger vorkommen, als wie hier angegeben; wenigstens stellt sich das Verhältniss für das Jahr 1876, in welchem auf die Kehlköpfe sämmtlicher phthisischen Leichen besonders geachtet wurde, so, dass unter 184 Sectionen Phthisischer

Larynxulcerationen   bei 71 = bei 38,5 %
Trachealulcerationen bei 33 = bei 17,9 %

aller Phthisen gefunden wurden.

Auffallen könnte das starke Ueberwiegen des männlichen Geschlechts über das weibliche, sowohl bei den Todesfällen an Lungenphthisis überhaupt, wie bei dem Procentsatze der Larynx- und Trachealulcerationen, während die Ziffern der Gesammtmortalität sowohl, wie die der Mortalität an Lungenphthise so bedeutende Unterschiede zwischen beiden Geschlechtern in der Regel nicht aufzuweisen.

Es waren z. B. in Leipzig:

1872	von	2742	Gestorbenen	1440	männl.	1302	weibl. Geschlechts
1873	„	2869	„	1560	„	1309	„ „
1874	„	3026	„	1659	„	1367	„ „
1875	„	3373	„	1825	„	1548	„ „

und

1872	von	384	an Lungenphthisis Gestorb.	233	männl.	151	weibl. Geschl.
1873	„	390	„ „ „	226	„	164	„ „
1874	„	456	„ „ „	275	„	181	„ „
1875	„	421	„ „ „	268	„	153	„ „

Es ist jedoch zu berücksichtigen, dass unter Denjenigen, welche im hiesigen Jakobshospitale Aufnahme suchen und das spätere Hauptsectionsmaterial für das pathologische Institut liefern, überhaupt weit mehr männliche Individuen sich befinden als weibliche, so dass eine richtige Anschauung über das Verhältniss der Häufigkeit der Larynx- und Trachealulcerationen beim männlichen zu ebenderselben beim weiblichen Geschlechte sich erst aus der Erwägung ergiebt:

dass bei 917 männl. Phthisikern

Larynxulcerationen: 309 Mal
Trachealulcerationen: 84 „

und bei 309 weibl. Phthisischen

Larynxulcerationen: 67 Mal
Trachealulcerationen: 15 „

gefunden wurden, d. h.

Larynxulcerationen in 33,6 % $\}$ aller Fälle von Lungenphthisis
Trachealulcerationen „ 9,1 % $\}$ bei Männern

und

Larynxulcerationen in 21,6 % $\}$ aller Fälle von Lungenphthisis
Trachealulcerationen „ 4,8 % $\}$ bei Weibern.

Es kommen also allerdings die Ulcerationen des Larynx sowohl, wie die der Trachea bei phthisischen Männern häufiger vor, als bei phthisischen Weibern. —

Das Verhältniss der Tracheal-Ulcerationen zu den Larynxulcerationen anlangend, so ist hervorzuheben, dass Erstere, ohne gleichzeitiges Bestehen der Letzteren, äusserst selten sind und nur in 1,5 % aller Fälle von Phthisis gefunden wurden, während in 6,5 % Larynxulcerationen daneben bestanden; und ferner, dass in 21,2 % aller Fälle von Larynxulcerationen gleichzeitig Ulcerationen der Trachea vorhanden und von diesen 17,5 % männlichen und 3,7 % weiblichen Geschlechtes waren.

Aeusserst selten ist ferner das Vorkommen von Larynxulcerationen bei an anderen Krankheiten als an Lungenphthisis Gestorbenen.

Denn es fanden sich Larynxulcerationen unter 4486 Sectionen überhaupt bei 307 Individuen. (Fälle von Syphilis, Diphtheritis, Croup sind nicht mitgezählt.)

Hiervon waren an Lungenphthisis verstorben 367 = 94,7 %
an anderen Krankheiten 21 = 5,2 %
und zwar an Typhus abdom. 13 = 3,2 %
an differenten Affectionen 8 = 2,0 %

Betreffs des Häufigkeit der Larynxulcerationen bei Typhus abdom. möge übrigens eingeschaltet werden, dass solche unter 113 in dem Zeitraume von 1867—1876 zur Section gelangten Fällen dieser Krankheit 13 Mal = bei 11,5 % gefunden wurden.

Trachealulcerationen fanden sich bei an anderen Krankheiten als Lungenphthisis Verstorbenen überhaupt niemals.

Die 8 Fälle von differenten Affectionen, bei welchen Larynxulcerationen gefunden wurden, betrafen:

1) ein 18 wöchentliches Mädchen mit lob. Pneumonie des linken unteren Lungenlappens, Dickdarmcatarrh und Anämie.

2) einen 67 jährigen Mann mit Icterus, Lungenabscessen, eiteriger Submaxillardrüsenentzündung, Ectasie der Lebergallengänge mit Abscedirung und Perforation einer solchen Stelle in die Bauchhöhle.

3) einen 70 jährigen Mann mit phlegmonöser Entzündung der rechten Achselhöhle bis zur Pleura reichend, frischer rechter Pleuritis, hochgradigem Lungenemphysem, einer Tracheal- und Magengeschwürsnarbe, diffuser indurirter Leber, hartem Milztumor, Erweiterung der Arterien.

4) einen 50 jährigen Mann mit Fettherz, Hydropericardium, Hydrothorax mit Lungencompression und Infarct im linken Oberlappen, Ascites, Muskatnussleber u. s. w. und gleichzeitiger Tracheobronchitis.

5) ein halbjähriges Mädchen mit Masern und catarrhalischer Pneumonie.

6) einen 53 jährigen Mann mit allgemeiner übermässiger Fettentwickelung, beginnender serös-hämorrhagischer Pericarditis und Blutungen unter Peri- und Endocardium, unter Submucosa in Trachea und Bronchien, unter Subserosa in Dünndarm und Magen und im Unterhautzellgewebe, sowie Lungenoedem und Emphysem der linken Lunge.

7) einen 54jährigen Mann mit chronischem Unterschenkelgeschwür,
frischer tuberkulöser Pleuritis, tuberkulösen Darmgeschwüren, Athero-
matose der Aorta, Atrophie und Verfettung der Leber, Schrumpf-
nieren, Thrombose der rechten vena cruralis und Embolien in mehreren Lungenarterienästen.

8) einen 46jährigen Packträger mit croupöser Pneumonie der ganzen
linken und beginnender Infiltration der rechten unteren Lunge.

Geheilte Larynxgeschwüre sind in zwei Fällen verzeichnet:

1) 45jähriger Mann mit Pleuratuberkulose und Pleurit. exsudativa, links-
seitigen Lungenemphysem, excentrischer rechtsseitiger Herzhyper-
trophie, linksseitiger Nierenatrophie, chronischem Magencatarrh und
Fettleber („stark narbig geheilte Geschwüre an beiden Stimmbändern".)

2) 58jähriger Mann mit linksseitigem Pneumothorax in Folge von Perforation einer Caverne des linken Oberlappens und Emphysem und
käsiger Peribronchitis rechts. („Vernarbte Geschwüre an beiden Stimmbändern.")

Niemals kamen Larynxgeschwüre vor bei Tuberkulose anderer Organe,
aber intacten Lungen: so nicht z. B. bei Darmtuberkulose, bei Knochen-
caries mit secundärer Drüsen-Pleura-Peritoneal- und Hirntuberkulose, bei
zwei Fällen von tuberkulöser Pericarditis (der eine mit Pleuritis und Peritonitis), bei tuberkulöser Basilarmeningitis, bei zwei Fällen von Miliartuberkulose der Pleura, bei drei Fällen von tuberkulöser Peritonitis u. s. w.

Ordnet man die einzelnen Organe des Körpers, in welchen bei den
1226 Fällen von Lungenphthisis laut Sectionsbericht gleichzeitig Tuberkulose,
beziehentlich tuberkulöse Ulcerationen gefunden wurde, je nach der Häufigkeit ihres Befallenseins, in eine Skala ein, so ergiebt sich, dass nur der
Darm allein häufiger in Mitleidenschaft befunden ward als der Kehlkopf:

Denn es sind verzeichnet:

Tuberkulose des Darms bei 630 Individuen = 51,3% aller Fälle von Phthisis
Larynxulcerationen „ 376 „ = 30,6% „ „ „ „
ferner Tuberkulose

d. Leber	bei 286 Individ., also in 23,3% aller Fälle von Phthisis
„ Nieren	„ 150 „ „ „ 12,2% „ „ „ „
„ Pleuren	„ 137 „ „ „ 11,1% „ „ „ „
„ Milz	„ 120 „ „ „ 9,7% „ „ „ „
„ Drüsen	„ 106 „ „ „ 8,5% „ „ „ „
„ Trachea	„ 99 „ „ „ 8,0% „ „ „ „
„ Peritoneum	„ 95 „ „ „ 7,7% „ „ „ „
„ Gehirnhäute	„ 43 „ „ „ 3,5% „ „ „ „
„ Geschlechtsorgane „	31 „ „ „ 2,5% „ „ „ „
„ Netz	„ 21 „ „ „ 1,7% „ „ „ „

d. Zunge   bei 18 Individ., also in 1,4% aller Fälle von Phthisis

„ Bronchien   „ 15 „ „ „ 1,2% „ „ „ „

„ Pharynx   „ 14 „ „ „ 1,1% „ „ „ „

„ Harnorgane   „ 12 „ „ „ } 0,9% „ „ „ „
„ Gehirn   „ 12 „ „ „ }

„ Pericardium   „ 11 „ „ „ 0,8% „ „ „ „

„ Tonsillen   „ 8 „ „ „ 0,6% „ „ „ „

„ Mesenterium   „ 7 „ „ „ 0,5% „ „ „ „

„ Oesophagus   „ 5 „ „ „ }
„ Endocardium   „ 5 „ „ „ } 0,4% „ „ „ „
„ Nebennieren   „ 5 „ „ „ }

„ Magen   „ 4 „ „ „ 0,3% „ „ „ „

„ Kniegelenk }
„ Thyreoidea }
„ Advent. d. Aorta } „ je 1 „ „ „ 0,08% „ „ „ „
„ Herzfleisches }

Zum Vergleiche möge hier eine analoge Tabelle aus Willigk's Zusammenstellung der Sectionsergebnisse an der Prager pathologisch-anatomischen Anstalt in der Zeit vom 1. Februar 1850 — Ende März 1855 (Prager Vierteljahrsschrift, 1856, II.) folgen, aus welcher auch Ziemssen [1] in seinem neuesten Lehrbuche bei dem Capitel über Phthisis laryngea citirt und welche demnach trotz ihres Alters bis jetzt immer noch die einzige grössere Statistik über den vorliegenden Gegenstand gewesen zu sein scheint. Nach Willigk fanden sich unter 4557 Obductionen 1317 Mal Tuberkulosen = bei 28.9%; unter diesen 1317 Fällen von Tuberkulose fanden sich erkrankt:

der Darm   in 656 Fällen = bei 49,6%

die Mesent.-Drüsen „ 237 „ = „ 18,0%

der Kehlkopf „ 182 „ = „ 13,8%
(118 = 14,3% männl., 64 = 11,3% weibl. Geschlechts.)

die Luftröhre in 48 Fällen = bei 3,6 %
(31 = 4,1% männl., 17 = 3% weibl. Geschlechts.)

das Bauchfell in 87 Fällen = bei 6,6 %

die Milz „ 79 „ = „ 5,9 %

die Nieren „ 74 „ = „ 5,6 %

das Brustfell „ 59 „ = „ 4,5 %

die Leber „ 53 „ = „ 4,0 %

Tonsillen „ 5 „ = „ 0,4 %

die Zunge „ 2 „ = „ 0,15%

der Pharynx „ 1 „ = „ 0,08%

---

[1] l. c. p. 359.

Das **Alter** obiger 1226 Phthisiker anlangend

so standen im Alter von	inSumma	männl. Indir.	weibl. Indir.	und hatten Ulcerationen											
				im Larynx.			in der Trachea.			in der Trachea ohne gleichzeitige Larynx-Ulc.			mit gleichzeitiger Larynx-Ulc.		
				inSumma	männl. Indir.	weibl. Indir.	inSumma	männl. Indir.	weibl. Indir.	inSumma	männl. Indir.	weibl. Indir.	inSumma	männl. Indir.	weibl. Indir.
unter 1 Jahr	13	4	9	1	1	—	—	—	—	—	—	—	—	—	—
1—10 „	39	24	15	4	1	3	1	—	1	—	—	—	1	—	1
11—20 „	92	67	25	23	18	5	7	6	1	2	2	—	5	4	1
21—30 .,	406	315	91	130	106	24	38	31	7	7	7	—	31	24	7
31—40 „	303	237	66	112	91	21	28	23	5	3	2	1	25	21	4
41—50 „	179	137	42	67	58	9	16	15	1	3	3	—	13	12	1
51—60 „	104	80	24	27	24	3	5	5	—	2	2	—	3	3	—
61—70 „	53	30	23	9	8	1	3	3	—	1	1	—	2	2	—
über 70 „	25	15	10	3	2	1	1	1	—	1	1	—	—	—	—
in unbekanntem Alter	12	8	4	—	—	—	—	—	—	—	—	—	—	—	—
	1226	917	309	376	309	67	99	84	15	19	18	1	80	66	14

Es stellte demnach

die Altersklasse von	I. zur Gesammtzahl der Todesfälle an Phthisis.			II. zur Summe der Todesfälle d. männlichen Phthisiker.	III. der weiblichen Phthisiker.
	männliche Individuen	weibliche Individuen	in Summa		
	%	%	%	%	%
unter 1 Jahr	0,3	0,7	1,0	0,4	2,9
„ 1—10 „	1,9	1,2	3,1	2,6	4,8
„ 11—20 „	5,4	2,0	7,5	7,3	8,0
„ 21—30 „	25,6	7,4	33,1	34,3	29,4
„ 31—40 „	19,2	5,3	24,7	25,8	21,3
„ 41—50 „	11,1	3,4	14,6	14,9	13,5
„ 51—60 „	6,5	1,9	8,4	8,7	7,7
„ 61—70 „	1,2	0,8	2,0	1,6	3,2

die Altersklasse von	IV. zur Gesammtzahl der Larynxulcerationen.			V. zur Summe d. Larynx-Ulc. bei männl. Phthisikern	VI. zu derselben bei weibl. Phthisikern
	männliche Individuen	weibliche Individuen	in Summa		
	%	%	%	%	%
unter 1 Jahr	0,2	0,0	0,2	0,3	0
„ 1—10 „	0,2	0,7	1,0	0,3	4,4
„ 11—20 „	4,7	1,3	6,1	5,8	7,4
„ 21—30 „	28,0	6,3	34,5	34,3	35,8
„ 31—40 „	24,1	5,5	29,7	29,4	31,3
„ 41—50 „	15,4	2,3	17,8	18,7	13,4
„ 51—60 „	6,3	0,7	7,1	7,7	4,4
„ 61—70 „	2,1	0,2	2,3	2,5	1,4
„ über 70 „	0,5	0,2	0,7	0,6	1,4

die Altersklasse von	VII. zur Gesammtzahl der Trachealulcerationen.			VIII. z. Summe d. Trachealulc. bei männl. Phthisikern	IX. zu derselben bei weibl. Phthisikern
	in Summa	männliche Individuen	weibliche Individuen		
	%	%	%	%	%
unter 1 Jahr	0,0	0,0	0,0	0,0	0,0
„ 1—10 „	1,0	0,0	1,0	0,0	6,6
„ 11—20 „	7,0	6,0	1,0	7,1	6,6
„ 21—30 „	38,3	31,3	7,0	36,9	46,6
„ 31—40 „	28,2	23,2	5,0	27,3	33,3
„ 41—50 „	16,1	15,1	1,0	17,9	6,6
„ 51—60 „	5,0	5,0	0,0	5,9	0,0
„ 61—70 „	3,0	3,0	0,0	3,5	0,0
„ über 70 „	1,0	1,0	0,0	1,1	0,0

Und hatten von der Gesammtzahl der in jeder einzelnen Altersklasse an Phthisis Gestorbenen:

in der Altersklasse	Ulcerationen des Larynx.			Ulcerationen der Trachea.		
	männliche Individuen.	weibliche Individuen.	in Summa.	männliche Individuen.	weibliche Individuen.	in Summa.
	%	%	%	%	%	%
unter 1 Jahr	25,0	0,0	7,6	0,0	0,0	0,0
von 1—10 „	5,0	20,0	10,2	0,0	6,6	2,5
„ 11—20 „	26,8	20,0	25,0	8,9	4,0	7,6
„ 21—30 „	33,6	26,3	32,0	9,8	7,6	9,3
„ 31—40 „	38,3	31,8	36,9	9,7	7,5	9,2
„ 41—50 „	42,3	21,4	37,4	10,9	2,3	8,9
„ 51—60 „	30,0	12,5	25,9	6,2	0,0	4,8
„ 61—70 „	26,6	4,3	16,9	10,0	0,0	5,6
über 70 „	13,3	10,0	12,0	6,6	0,0	4,0

Aus diesen Zusammenstellungen ergiebt sich, neben der bekannten Thatsache, dass das Maximum der Mortalität an Lungenphthisis beim männlichen wie beim weiblichen Geschlechte von der Altersklasse von 21—30 Jahren, das Minimum von der Altersklasse unter 1 Jahr gestellt wird, sowie dass bis zum Maximum von jeder der vorhergehenden Altersklassen zur nächsthöheren ein schnelles, sprungförmiges Aufsteigen, vom Maximum ab aber nur eine langsame und allmälige Abnahme der Mortalitätsziffer stattfindet:

1) dass auch die Ulcerationen des Larynx und der Trachea bei beiden Geschlechtern in der Altersklasse von 21—30 Jahren absolut am häufigsten sind, dass

2) ihre Häufigkeit bis zu dieser und von dieser Alterklasse ab in demselben Grade und in der nämlichen Altersklasse zu- und abnimmt wie die Mortalitätsziffer an Lungenphthisis, dass

3) Phthisiker weiblichen Geschlechts in den 4 Altersklassen von 1—40 Jahren zu den Larynxulcerationen und in den 3 Altersklassen von 1—10, 21—30 und 31—40 Jahren zu den Trachealulcerationen ein relativ grösseres ·Contingent stellen als dieselben Altersklassen männlicher Phthisiker und dass endlich

4) das Maximum der relativen Häufigkeit der Larynxulcerationen, d. h. der Häufigkeit derselben im Verhältniss zu der Zahl der Todesfälle an Phthisis in der nämlichen Altersklasse, bei beiden Geschlechtern zusammengenommen sowohl wie beim männlichen Geschlechte auf die Altersklasse von 41—50 Jahren, beim weiblichen Geschlechte dagegen auf die Altersklasse von 31—40 Jahren fällt; während von den Trachealulcerationen dasselbe Maximum, alle Fälle zusammengenommen, und beim

weiblichen Geschlechte, von der Altersklasse von 21—30 Jahren, beim männlichen Geschlechte dagegen ebenfalls von der Altersklasse von 41—50 Jahren gestellt wird.

Es lassen sich demnach die einzelnen Altersklassen mit Rücksicht auf die beiden ersten und den letzten Satz in folgende Häufigkeitsskalen einreihen.

(Die das Maximum stellende Altersklasse ist immer zuerst gestellt, die das Minimum stellende zuletzt).

ad 1.

	In Summa. Larynx.	Trachea.	Männl. Individuen. Larynx.	Trachea.	Weibl. Individuen. Larynx.	Trachea.
1)	21—30	—	—	—	—	—
2)	31—40	—	—	—	—	—
3)	41—50	—	—	—	—	—
4)	51—60	11—20	—	11—20	11—20	11—20
5)	11—20	51—60	—	51—60	{ 51—60	1—10
6)	61—70	—	—	—	{ 1—10	0
7)	1—10	—	über 70	über 70	61—70	51—60
8)	über 70	—	1—10	1—10	über 70	0
9)	unter 1	—	—	—	—	0

ad 2.

	In Summa.	Männl. Individuen.	Weibl. Individuen.
1)	21—30	—	—
2)	31—40	—	—
3)	41—50	—	—
4)	51—60	—	11—20
5)	11—20	—	51—60
6)	61—70	—	—
7)	1—10	—	—
8)	über 70	—	—
9)	unter 1	—	—

ad 4.

	In Summa. Larynx.	Trachea.	Männl. Individuen. Larynx.	Trachea.	Weibl. Individuen. Larynx.	Trachea.
1)	41—50	21—30	—	—	31—40	21—30
2)	31—40	—	—	61—70	21—30	—
3)	21—30	41—50	—	—	41—50	1—10
4)	51—60	11—20	—	31—40	11—20	11—20

In Summa.		Männl. Individuen.		Weibl. Individuen.	
Larynx.	Trachea.	Larynx.	Trachea.	Larynx.	Trachea.
5) 11—20	61—70	—	—	1—10	41—50
6) 61—70	51—60	—	über 70	51—60	0 —
7) über 70	—	unter 1	51—60	—	0 —
8) 1—10	—	über 70	0 —	61—70	0 51-60
9) unter 1	—	1—10	0 —	0 —	0 —

Bei der grossen Seltenheit der Larynxulcerationen im kindlichen Alter (bis zum 14. Jahre) und dem grossen Interesse, welches die wenigen vorgekommenen Fälle aus diesem Grunde haben dürften, möge hier auch der Sectionsbefund der betreffenden Fälle kurz angeführt werden. Es sind im Ganzen nur 9 Fälle, also 2, 3% aller Larynxulcerationen: Ulcerationen der Trachea kamen bis zum 14. Jahre überhaupt nicht zur Beobachtung.

Es fanden sich Larynxgeschwüre:

1) bei einem 11 monatlichen Knaben mit Tuberkeln in den Corp. quadrigem., im pons und im Kleinhirn, bei käsiger Periostitis des Schädels und der 4. linken Rippe, sowie käsiger und frischer catarrhalischer Pneumonie;

2) bei einem 1 jährigen Mädchen mit verkäsender Ostitis des 4. Brustwirbels, verkästen Lympfdrüsen, Desquamativpneumonie und Miliartuberkulose der Lungen und der Leber;

3) bei einem 1¹/₃ jährigen Knaben mit multiplen käsigen Heerden und beginnenden Cavernen in der Lunge, verkästen Bronchial-, Hals- und Mesenterialdrüsen und Tuberkulose des Peritoneum, der Leber, der Milz und des Darms;

4) bei einem 4 jährigen Mädchen mit Hirntuberkeln, Tuberkelinfiltraten und verkäster Pneumonie in den Lungen, verkäster Tuberkulose der Bronchial- und Halsdrüsen, miliarer Tuberkulose der Leber, der Gallengänge, der Milz, Nieren, des Periton., des Darms, der Ovarien und Tuben;

5) bei einem 5 jährigen Mädchen mit allgemeiner Lymphdrüsentuberkulose, frischer miliarer Tuberkulose der Pleura und beider Lungen, einem älteren verkästen Heerde im rechten mittleren Lappen und Tuberkulose der Leber und Nieren;

6) ein Geschwür am hintern Ende des linken Stimmbandes bei einem 11 jährigen Knaben mit käsiger Peribronchitis, lobulärer Pneumonie und Darmtuberkulose;

7) Ein Geschwür an der hintern Commissur der Stimmbänder bei einem 13 jährigen Knaben mit Tuberkeln der Lungen, Leber. Gallengänge. Nieren, Milz;

8) Geschwür an der Vorderfläche der Epiglottis mit Ulceration des Zungengrundes bei einem 14jährigen Knaben mit Tuberkeln der Hirnhäute, Miliartuberkulose der Lungen und Pleuren, der Leber, Milz, Nieren, des Netzes und Darmes;

9) Geschwüre auf der inneren Fläche der Epiglottis und Ulcerationen in der Trachea bei einem 14jährigen Knaben, mit käsigen Heerden in den Lungenspitzen, miliaren Tuberkeln der Lungen, der Milz, Nieren, tuberkulösen Darmgeschwüren, und verkästen Mesent.- und Retroperitoneal-Drüsen.

Stand und Beschäftigung.

Unter den 917 an Phthisis gestorbenen männlichen Individuen war der Stand bez. die frühere Beschäftigung bekannt von 852; 29 Individuen hatten keinen bestimmten Stand oder waren unbekannten Standes, 36 Individuen waren Kinder.

Unter den 309 männlichen Phthisikern, welche Larynxulcerationen zeigten, war der Stand bekannt bei 301; bei 3 Individuen unbekannt, 5 waren Kinder.

Von den 84 männlichen Individuen mit Trachealulcerationen war der Stand von allen bekannt.

Von obigen 852 männl. Individuen waren im Einzelnen:		Von diesen hatten		Waren im Einzelnen:		Von diesen hatten	
		Ulc. des Larynx	Ulc. der Trachea			Ulc. des Larynx	Ulc. der Trachea
Handarbeiter	121	48	14	Packträger	19	6	3
Schneider	49	23	3	Schlosser	17	4	2
Schuhmacher	39	9	4	Soldat	16	3	—
Schriftsetzer	30	4	—	Commis	15	4	2
Cigarrenarbeiter	29	13	6	Maler u. Lackirer	14	5	—
Kaufleute	28	10	2	Kutscher	13	7	2
Tischler	27	7	3	Schmied	13	9	2
Kellner	24	7	5	Zimmermann	12	4	2
Maurer	24	7	2	Graveur, Lithograph,			
Buchbinder	24	7	—	Notenstecher	10	6	—
Schreiber	23	8	3	Bäcker	10	5	2
Markthelfer	20	9	2	Instrumentenmacher	9	4	1

Waren im Einzelnen:	Von diesen hatten		Waren im Einzelnen:	Von diesen hatten	
---	Ulc. des Larynx	Ulc. der Trachea	---	Ulc. des Larynx	Ulc. der Trachea
Barbier	9	3	—	Seiler	2	2	1
Tapezierer	9	2	1	Tuchappreteur	2	—	—
Schriftgiesser	8	4	1	Kunstthierführer	2	—	—
Diener	8	3	3	Kammmacher	2	1	—
Student	8	1	—	Packer	2	1	—
Handelsmann	8	5	2	Galvanoplastiker und			
Klempner	7	1	1	Gürtler	2	—	—
Expedient	7	2	—	Privatmann	2	—	—
Gärtner	7	4	—	Vergolder	2	1	—
Fleischer	7	6	2	Tuchmacher	2	—	—
Steinhauer	7	—	—	Hausmann	2	1	—
Musikus	7	3	—	Strumpfwirker	2	—	1
Lehrer und Privat-				Nachtwächter	2	1	—
gelehrte	7	—	—	Eisendreher	1	1	—
Laufbursche	6	2	—	Conditor	1	—	—
Kürschner	6	1	—	Schäfer	1	1	1
Müller	5	2	2	Korbmacher	3	1	—
Sattler	5	4	—	Schriftschleifer	1	—	—
Böttcher	5	3	1	Lohnbeamter	1	1	—
Buchdrucker	5	2	—	Alteisenhändler	1	1	—
Oekonom	4	1	—	Gypsfigurenfabrikant	1	1	—
Fabrikarbeiter	4	2	—	Rollknecht	1	1	—
Mechaniker	4	1	—	Stallbursche	1	—	—
Schriftsetzer	4	1	—	Pianofortearbeiter	1	—	—
	4	2	—	Uhrgehäusemacher	1	—	—
Hutmacher	4	—	—	Briefträger	1	—	—
Gymnasiast	3	—	—	Friseur	1	—	—
Xylograph	3	2	—	Tapetenarbeiter	1	1	—
Drechsler	3	—	—	Bildhauer	1	—	—
Stellmacher	3	2	—	Fischer	1	—	—
Gerber	3	3	1	Uhrmacher	1	—	—
Restaurateur	3	1	1	Glaser	1	—	—
Schieferdecker	2	—	—	Zeichner	1	—	—
Maschinenputzer	2	1	—	Colporteur	1	1	—

Waren im Einzelnen:	Ulc. des Larynx	Ulc. der Trachea	Waren im Einzelnen:	Ulc. des Larynx	Ulc. der Trachea
Photograph	1	—	Goldarbeiter	1	1	—
Siebmacher	1	—	Nadler	1	1	1
Koch	1	—	Telegraphenbote	1	1	—
Officier	1	—	Ziegelstreicher	1	—	—
Weichensteller	1	1	Tanzkünstler	1	—	—
Weber	1	—	Posamentirer	1	1	—
Mützenmacher	1	1	Apotheker	1	—	1
Bürstenmacher	1	—	Knopfmacher	1	1	—
Maschinenbauer	1	—	Homöopath	1	—	—
Essenkehrer	1	—	Maschinist	1	—	—
Meerschaumschnitzer	1	—				

Fassen wir die einzelnen Stände in grössere Gruppen zusammen, je nachdem die betreffenden Beschäftigungen Aehnlichkeit unter einander zeigen, theils überhaupt, theils bezüglich der Schädlichkeiten, denen diejenigen ausgesetzt sind, die sie treiben, so können 13 Gruppen aufgestellt werden, die sich wieder, je nach der Höhe des Procentsatzes, den sie an Larynxulcerationen aufzuweisen haben, in folgende, vom niedrigsten zum höchsten Procentsatze ansteigende Skala einreihen lassen.

Von obigen 852 Individuen mit bekannter Beschäftigung waren nämlich:	Ulc. des Larynx	%	Ulc. der Trachea
I. Gruppe: Schuhmacher 39	9	= 23,0	4
II. Gruppe: Kaufleute, Commis, Apotheker, Schreiber, Expedienten, Zeichner, Gymnasiasten, Gelehrte u. Lehrer, Homöopath, Barbiere, Friseure, Studenten 104	27	= 25,9	8

Von obigen 852 Individuen mit bekannter Beschäftigung waren nämlich:	Ulc. des Larynx	%	und hatten von diesen Ulc. der Trachea

III. Gruppe: Steinhauer, Steinsetzer, Maurer, Schieferdecker, Essenkehrer, Bildhauer, Gypsfigurenfabrikant, Drechsler, Meerschaumschneider, Tischler, Stellmacher, Zimmermann, Böttcher, Uhrgehäusemacher, Pianofortearbeiter, Glaser, Tapetenarbeiter, Buchbinder, Tapezierer, Maler u. Lackirer, Vergolder, Photograph, Bäcker, Müller, Conditor . . . . 161　48　= 29,8　13

IV. Gruppe: Schriftsetzer, Schriftgiesser, Schriftschleifer, Buchdrucker, Graveure, Lithograph, Notenstecher, Xylograph　57　18　= 31,5　1

V. Gruppe: Brauer, Restaurateure, Koch　.　14　5　= 35,7　1

VI. Gruppe: Schlosser, Schmied, Maschinenbauer, Maschinist, Eisendreher, Instrumentenmacher, Klempner, Siebmacher, Mechaniker, Uhrmacher, Goldarbeiter, Gürtler . . . . .　58　21　= 36,2　7

VII. Gruppe: Markthelfer, Hausmann, Packträger, Diener, Laufbursche, Packer, Kellner, Bote, Briefträger, Tanzkünstler, Kutscher, Dienstknecht, Rollknecht, Stallbursche, Handelsmann, Colporteur, Kunstthierführer, Alteisenhändler, Gärtner, Schäfer, Nachtwächter, Fischer, Oekonom, Soldaten, Officiere, Bremser und Schaffner, Maschinenputzer, Weichensteller, Bahnbeamte . . . . . . 160　60　= 37,5　18

VIII. Gruppe: Handarbeiter, Fabrikarbeiter, Ziegelstreicher　.　.　.　.　.　126　50　= 39,6　15

Von obigen 852 Individuen mit bekannter Beschäftigung waren nämlich:	Ulc. des Larynx	und hatten von diesen	
		%	Ulc. der Trachea
IX. Gruppe: Kürschner, Hut- und Mützen-macher, Gerber, Sattler, Tuchappre-teure, Tuchmacher, Strumpfwirker, Weber, Posamentirer, Nadler, Seiler, Kammmacher, Korbmacher, Knopf-macher, Bürstenmacher	37	15 = 40,5	4
X. Gruppe: Cigarrenarbeiter.	29	13 = 44,8	6
XI. Gruppe: Schneider	49	23 = 46,9	3
XII. Gruppe: Musikus, Sänger	11	6 = 54,5	2
XIII. Gruppe: Fleischer	7	6 = 85,7	2

Gruppe XIII (Fleischer), welche die höchsten Procentsätze an Larynx-ulcerationen zeigt, ist einestheils deshalb nicht in eine der zuvorstehen-den Gruppen einrangirt worden, weil ein durchaus passender Platz für die betreffende Beschäftigung sich nicht wollte finden lassen, theils um auf die allerdings eigenthümliche Thatsache besonders hinzuweisen, dass bei einem Berufe, von dem man eigentlich nicht sagen kann, dass er irgendwelche besondere Schädlichkeiten für die Respirations-schleimhaut überhaupt mit sich bringt, Larynxulcerationen so sehr häufig sind. Offenbar ist die Zahl der Fälle zu klein, um den hier gewonnenen Resultaten eine allgemeine Gültigkeit zuzuerkennen; immerhin verdient aber die Thatsache eine gewisse Beachtung.

Gruppe XII umfasst Musici und Sänger, (d. h. bezüglich Letzterer: in Bierlokalen und dergleichen Orten sich producirende „Gesangskomiker'') zwei Beschäftigungsarten, welche allerdings mit bedeutenden Anstren-gungen für den Larynx verbunden sind, und um so schädlicher wirken dürften, als derartige Leute in der Regel in so dürftigen äusseren Verhältnissen sich befinden, dass sie, nur um sich erhalten zu können, ihre Beschäftigung fortsetzen müssen, selbst wenn das Organ krank ist und dringenster Schonung bedürfen würde.

Gruppe XI stellen die Schneider. Von einer direct schädlichen Ein-wirkung des Berufes auf den Larynx kann bei diesen nicht wohl die Rede sein; dass sie zur Lungenphthise ein grosses Contingent stellen, ist bekannt: es kann also hier nur das Factum registrirt werden, dass

nahezu die Hälfte aller phthisischen Schneider auch an Larynxulcerationen leidet.

In Gruppe X gehören die Cigarrenarbeiter, ein Stand, der entschieden
schädliche Einflüsse für die Respirationsschleimhaut mit sich bringt:
trotzdem rangiren sie doch noch h i n t e r den Schneidern.

In Gruppe IX folgen hierauf Kürschner, Gerber, Sattler etc.

In Gruppe VIII „Handarbeiter" u. dergl.

In Gruppe VII Markthelfer, Packträger, Kellner etc.: Die Individuen der
letzteren beiden Gruppen sind allerdings meist den Unbilden der
Witterung neben zum Theil schwerer Arbeit in ungewöhnlichem Grade
ausgesetzt, während für die höhere Stelle, welche die Individuen der
ersten Gruppe in der Häufigkeitsskala einnehmen, ein directer Grund
nicht ersichtlich ist.

Gruppe VI umfasst fast ausschliesslich Feuer- und Metallarbeiter, Berufe
also, denen ein gewisser ungünstiger Einfluss auf die Schleimhaut der
Respirationsorgane entschieden nicht abzusprechen ist: immerhin
schliessen sich aber die v o r w i e g e n d als schädlich in dieser Hinsicht
angesehenen Berufsarten der Schriftsetzer etc. erst in

Gruppe IV an, und die S t e i n h a u e r , Maurer etc. erst gar in

Gruppe III, während z w i s c h e n diesen 3 Gruppen die Gruppe V eine nirgends anders gut unterzubringende Berufskategorie umfasst (Brauer etc.),
deren immerhin grosses Contingent, welches sie zu den Larynxulcerationen liefert, auffällig erscheinen muss.

Gruppe II stellen hauptsächlich die mehr eine s i t z e n d e Lebensweise füh-
renden Berufsklassen und das n i e d r i g s t e Contingent endlich in

Gruppe I die S c h u h m a c h e r .

Es ist schwer, aus vorstehenden Zusammenstellungen die richtigen
Schlüsse bezüglich etwaiger p r a e d i s p o n i r e n d e r Momente für das Zustandekommen der Larynxulcerationen zu ziehen: um p r a e d i s p o n i r e n d e
Momente aber könnte es sich nur handeln, da wir zeigen werden, dass
die Larynxulcerationen in der überwiegenden Mehrzahl der Fälle der
T u b e r k u l o s e der Kehlkopfsschleimhaut ihren Ursprung verdanken und
die sogenannte K e h l k o p f s s c h w i n d s u c h t überhaupt e i n z i g u n d a l l e i n
hervorgerufen wird durch Kehlkopfstuberkulose, mit der sie identisch ist:
es wäre daher überhaupt unnöthig noch eine weitere etwaige G r u n d -
ursache der Kehlkopfulcerationen zu suchen. Wir haben es trotzdem für
zweckmässig erachtet, uns der mühevollen Arbeit der Zusammenstellung
der Beschäftigungen zu unterziehen, weil eine derartige mit Rücksicht auf
das Vorkommen der Larynxulcerationen bei Phthisikern der verschiedenen Berufsarten überhaupt noch nicht existirt und somit Grundlage und
Anregung bieten dürfte, um weiteres hierher gehöriges Material zu sammeln

und beurtheilen zu können. Zunächst verdient hervorgehoben zu werden, dass der im Vorstehenden gegebene Nachweis über die Berufsarten jener 852 männlichen Phthisiker nicht etwa auch dazu dienen kann, um die Häufigkeit der Lungenphthisis für die einzelnen Berufsarten zu veranschaulichen: denn das Jacobshospital, welches das bezügliche Sectionsmaterial geliefert hat, wird ja nur von einem gewissen Theile der Bevölkerung: einerseits ledigen oder alleinstehenden Individuen, andererseits ärmeren oder guter Pflege zu Hause ermangelnden Personen aufgesucht und solcher giebt es natürlich in diesem Stande mehr, in jenem weniger. Ferner dürfte nicht ausser Acht zu lassen sein, dass einzelne der aufgestellten Gruppen doch eine zu geringe Anzahl von Individuen umfassen, um Schlussfolgerungen von allgemeiner Gültigkeit für den ganzen betreffenden Stand auf die Procentzahl basiren zu können, welche sie zu den Larynxulcerationen stellen. Aus demselben Grunde möchte aber auch die Vergleichung der Procentzahlen der einzelnen Gruppen unter einander nur mit Vorsicht vorzunehmen sein. Demnach halten wir uns nur für berechtigt, das Eine aus den vorstehenden Zusammenstellungen bezüglich der Berufsarten als evident erwiesen zu betrachten: dass nämlich positive und unanfechtbare Anhaltspunkte für die Annahme, dass irgend ein Beruf vorwiegend zu Kehlkopfsulcerationen, bezüglich zur Kehlkopfsphthise, disponire, nicht gefunden worden sind. Es scheinen vielmehr im Allgemeinen diejenigen Berufsarten auch das grösste Contingent zur Larynxphthisis zu stellen, die von der Lungenphthisis vorwiegend befallen werden.

Erwähnt mag hier noch werden, dass unter den weiblichen Phthisikern, welche Larynxulcerationen zeigten, in hervorragender Anzahl sich Wäscherinnen und Schneiderinnen aufgezeichnet fanden.

Pathologisch-Anatomisches.

Ehe ich zu den Resultaten meiner eigenen pathologisch-anatomischen Untersuchungen übergehe, halte ich, um Missverständnisse von vornherein zu vermeiden, für nothwendig, ausdrücklich darauf hinzuweisen, dass ich unter den in den folgenden Blättern sehr häufig sich wiederholenden Bezeichnungen: „Tuberkel", „tuberkulös" etc. das verstanden wissen will und verstehe, was Wagner (*Handbuch*, 1876. p. 606, 607) als charakteristisch für den Tuberkel aufgestellt hat und dass ich als nicht-tuberkulös alle solchen Bilder bezeichne, denen die ebendort für den Tuberkel citirten Merkmale abgehen. —

Als Material für die Untersuchungen haben gedient 50 im Laufe des Jahres 1876 den Leichen an Phthisis pulm. Gestorbener, ohne Auswahl, und je nachdem sie zu Gebote standen, entnommene und mehr oder weniger afficirte Kehlköpfe.

Das Alter dieser 50 Individuen anlangend, so standen im Alter von:

1 Jahr	1—10 J.	11—20 J.	21—30 J.	31—40 J.	41—50 J.	51—60 J.	61—70 J.	über 70 J.

I. von 40, bei denen sich Tuberkulose, bez. tuberkulöse Ulcerationen des Larynx fanden:

1 Jahr	1—10 J.	11—20 J.	21—30 J.	31—40 J.	41—50 J.	51—60 J.	61—70 J.	über 70 J.
1	—	2	20	10	3	2	2	—

II. von 7, bei denen sich im Larynx nicht-tuberkulöse, in der Trachea aber tuberkulöse Ulcerationen fanden:

1 Jahr	1—10 J.	11—20 J.	21—30 J.	31—40 J.	41—50 J.	51—60 J.	61—70 J.	über 70 J.
—	—	—	—	3	2	1	1	—

III. von 3, bei denen Tuberkulose weder im Larynx noch der Trachea nachweisbar war:

1 Jahr	1—10 J.	11—20 J.	21—30 J.	31—40 J.	41—50 J.	51—60 J.	61—70 J.	über 70 J.
—	—	1	—	—	2	—	—	—

Die sub 2 und 3 Aufgeführten waren sämmtlich männlichen Geschlechts, unter den sub. 1 waren 8 Individuen weiblichen Geschlechts und zwar:

1 im Alter von 1 Jahr,
4 „ „ „ 21—30 Jahren,
2 „ „ „ 41—50 „
1 „ „ „ 51—60 „

Dem Stande nach waren die sub. 1 gehörigen 32 Männer: je 1 Tapezierer, Reisender, Sänger, Sattler, Zimmermann, Kupferstecher, Diätist, Schäfer, Commis, Handelsmann, Agent, Cigarrenhändler, Schmied, Lohndiener, Maurer, Eisendreher, Schuhmacher, Restaurateur, Markthelfer, Student; je 2 Buchbinder, Handarbeiter und Musiker; je 3 Tischler und Schneider; die sub. 2 gehörigen: je 1 Hausirer, Productenhändler, Kutscher, Markthelfer und Zimmermann und 1 Handarbeiter; die sub. 3 gehörigen: je 1 Arbeiter, Kellner und Kürschner. —

Ausserdem gelangte der exulcerirte Larynx eines an croupöser Pneumonie verstorbenen Mannes zur Untersuchung. —

Von obigen 50 Kehlköpfen zeigten 49 Ulcerationsprocesse verschiedenster Intensität, einer einen hochgradigen Catarrh der Laryngeal- und Trachealschleimhaut, aber ohne Ulceration.

Ulcerationen des Larynx allein fanden sich in 23 Fällen.
Ulcerationen des Larynx und der Trachea gleichzeitig: in 24 Fällen.
Ulcerationen der Trachea allein in 2 Fällen.

Es sind demnach Ulcerationen im Larynx allein bei Phthisis pulm. fast ebenso häufig als Ulcerationen gleichzeitig im Larynx und Trachea: erstere fanden sich bei 46,9 %, letztere bei 48,9 % der untersuchten Fälle. Dagegen sind Ulcerationen der Trachea allein sehr selten und kamen nur bei 4 % der Fälle vor.

Tuberkulöse Ulcerationen zeigten 39 Larynxe, Ulcerationen ohne nachweisbare Tuberkelbildung 8. Es ist demnach die tuberkulöse Beschaffenheit der bei Phthisikern vorkommenden Larynxulcerationen bei Weitem die häufigste Form der Ulceration und die **Regel**: denn sie fand sich in 39 von 47 Fällen = bei 82,9 %, Ulcerationen ohne nachweisbare Tuberkelbildung dagegen nur in 8 von 47 Fällen = bei 17 %.

Die Trachea zeigte 26 Mal Ulcerationen verschiedenster Intensität:

18 Fälle hiervon = 69,2 % waren tuberkulöser Natur,
8 „ „ = 30,7 % „ nicht-tuberkulös.

Hieraus ergiebt sich die immerhin bemerkenswerthe Thatsache, dass die tuberkulöse Ulceration der Trachea zwar, ebenso wie beim Larynx, die nicht-tuberkulöse Ulceration überwiegt, aber doch nur in einem geringeren Grade: das tuberkulöse Trachealgeschwür ist demnach nicht allein absolut, sondern auch relativ viel seltener, als das tuberkulöse Larynxgeschwür.

Verhältniss der Ulcerationen des Larynx zu denen der Trachea.

a) Die 39 Fälle von tuberkulöser Ulceration des Larynx anlangend: so bestanden neben $20 = 51,2\,^0/_0$ derselben keine Trachealulcerationen, bei 19 dagegen $= 48,7\,^0/_0$ waren solche vorhanden: und zwar 11 Mal $=$ bei $57,8\,^0/_0$ solche von tuberkulöser, 8 Mal $=$ bei $41,1\,^0/_0$ von nicht-tuberkulöser Natur.

b) Die 8 Fälle von nicht-tuberkulöser Ulceration des Larynx anlangend: so bestanden neben $3 = 37,5\,^0/_0$ keine Trachealulcerationen, bei $5 = 62,5\,^0/_0$ dagegen waren solche vorhanden und zwar durchweg tuberkulöser Natur.

c) Die 18 Fälle von tuberkulöser Ulceration der Trachea anlangend: so bestand nur neben $2 = 11,1\,^0/_0$ keine Larynxulceration, in 16 Fällen dagegen $=$ bei $88,8\,^0/_0$ war solche vorhanden: und zwar 11 Mal $=$ bei $68,7\,^0/_0$ tuberkulöser, 5 Mal $=$ bei $31,2\,^0/_0$ nichttuberkulöser Natur.

d) Die 8 Fälle von nicht-tuberkulöser Ulceration der Trachea endlich anlangend: so bestand neben sämmtlichen 8 Fällen auch Larynxulceration, und zwar in allen Fällen tuberkulöser Natur.

Hieraus ergeben sich für die bei Phthisis pulmonum vorkommenden tuberkulösen und nicht-tuberkulösen Ulcerationen des Larynx und der Trachea folgende Verhältnisse:

1) Neben tuberkulösen Larynxulcerationen kamen Ulcerationen der Trachea überhaupt nahezu ebenso oft vor, als wie sie fehlten: (letzteres Verhältniss überwiegt ersteres nur um ein Geringes.)

2) Diese neben tuberkulösen Larynxulcerationen vorkommenden Ulcerationen der Trachea, waren häufiger tuberkulöser, wie nichttuberkulöser Natur. Ebenso war

3) neben nicht-tuberkulöser Larynxulceration das Vorkommen von Trachealulcerationen häufiger als das Fehlen derselben und waren

4) diese Trachealulcerationen ausschliesslich tuberkulöser Natur: nicht-tuberkulöse Trachealulcerationen und nicht-tuberkulöse Larynxulcerationen kamen gleichzeitig überhaupt nicht vor.

In verschiedener Richtung abweichende Verhältnisse zeigten die tuberkulösen Ulcerationen der Trachea; denn während

1) neben tuberkulösen Trachealulcerationen Ulcerationen des Larynx überhaupt 8 Mal so oft vorkamen, als wie solche fehlten, so kamen nicht-tuberkulöse Trachealulcerationen

2) ohne gleichzeitige Kehlkopfs-Ulceration überhaupt nicht zur Beobachtung, waren vielmehr

3) da wo sie sich fanden, stets gleichzeitig vorhanden mit Larynxulcerationen und zwar solchen von ausschliesslich tuberkulöser Natur.

Es lassen sich demnach die bei Phthisis pulmonum vorkommenden Ulcerationen des Larynx und der Trachea nach der Häufigkeit ihres pathologisch-anatomischen Ursprungs und dessen Combinationen in folgende Skala einreihen:

Am Häufigsten war

1) Die tuberkulöse Ulceration des Larynx isolirt, ohne Tracheal-Ulceration: bei 40,8 % aller Fälle (in 20 von 49 Fällen).

Hierauf folgt:

2) Die tuberkulöse Ulceration des Larynx combinirt mit tuberkulöser Ulceration der Trachea: bei 22,4 % aller Fälle;

3) die tuberkulöse Ulceration des Larynx combinirt mit nicht-tuberkulöser Ulceration der Trachea, bei 16,3 % aller Fälle;

4) die nicht-tuberkulöse Ulceration des Larynx combinirt mit tuberkulöser Ulceration der Trachea: bei 10,2 % aller Fälle;

5) die nicht-tuberkulöse Ulceration des Larynx isolirt, ohne Trachealulceration: bei 6,1 % aller Fälle;

6) die tuberkulöse Ulceration der Trachea isolirt ohne Larynx-Ulceration: bei 4 %.

Niemals fand sich:

7) Gleichzeitig nicht-tuberkulöse Ulceration des Larynx mit nicht-tuberkulöser Ulceration der Trachea und **niemals:**

8) Nicht-tuberkulöse Ulceration der Trachea isolirt, ohne Larynxulceration.

Unter Hinzurechnung des oben erwähnten Falles von hochgradigem Catarrh des Larynx und der Trachea ohne Ulcerationen, bei welchem beginnende Tuberkulose indessen ebenfalls nachzuweisen war, zeigten also von 50 untersuchten Kehlköpfen Phthisischer überhaupt 47, d. i. = 94% tuberkulöse Processe entweder in Larynx und Trachea gleichzeitig, oder nur in dem einen oder der anderen allein: in 3 Fällen nur, d. i. bei 6%, konnten Tuberkel überhaupt nicht nachgewiesen werden. Das letztere Verhältniss muss demnach durchaus als Ausnahme bezeichnet werden und dürfte übrigens, wenigstens in den vorliegenden 3 Fällen, wie weiter unten gezeigt werden wird, besondere natürliche Ursachen haben: als Regel ergiebt sich jedenfalls für die die Lungenphthisis complicirenden Ulcerationen des Kehlkopfs im Allgemeinen die **tuberkulöse** Beschaffenheit und der **tuberkulöse** Ursprung derselben. —

Wir betrachten nunmehr weiter die Ulcerationen des Larynx und der Trachea ihrem Sitze und ihrer makroskopischen Beschaffenheit nach.

Zuvor muss jedoch jener eigenthümlichen, durch die anatomischen Verhältnisse der Larynxschleimhaut bedingten krankhaften Veränderung derselben gedacht werden, welche für die Tuberkulose des Larynx durchaus characteristisch ist, da sie nur bei dieser vorkommt und in allen Fällen nicht allein an der Leiche makroskopisch, sondern auch bereits am lebenden Menschen laryngoskopisch die Diagnose auf Tuberkulose gestattet: die tuberkulöse Infiltration der Kehlkopfschleimhaut.

Dieselbe zeigte sich in höherem oder geringerem Grade in 21 von 40 Fällen von Tuberkulose des Larynx (den Fall von hochgradigem Catarrh mit gerechnet), also bei 52,5% und zwar:

An Taschenbändern und Plic. aryepiglott. in sämmtlichen 21 Fällen (3 Mal nur rechts, 2 Mal nur links, 16 Mal beide Seiten);

an den Schleimhautüberzügen der cartil. arytaenoid. (Vorder- und Hinterfläche in 20 Fällen, 3 Mal nur rechts, 2 Mal nur links);

an den Ligg. aryepiglottic. in 14 Fällen (1 Mal rechts allein);

an den Stimmbändern in höherem oder geringerem Grade in 14 Fällen;

an der Epiglottis in 7 Fällen.

An der Epiglottis ist die tuberkulöse Infiltration demnach am seltensten (nur in ⅓ der Fälle): isolirt ward sie hier überhaupt nicht beobachtet, vielmehr war in 5 Fällen der gesammte Larynx mitinfiltrirt, in den 2 anderen Fällen waren nur noch die Stimmbänder frei. Dagegen war sie regelmässig zu finden an den Taschenbändern und der Plic. aryepiglottica. Sie stellt sich an der Leiche makroskopisch im Allgemeinen dar als eine glatte, prallgespannt anzufühlende Anschwellung von grauweisser oder graugelblicher Färbung, welche in nicht seltenen Fällen auf ihrer Oberfläche eine blassgelb, wie käsig aussehende, theils in einzelnen Inseln zusammenstehende, theils durchaus confluirende, glattkörnige Auflagerung zeigt. Zuweilen finden sich in der Schicht unterhalb der Schleimhaut zahlreiche Hämorrhagien, wodurch die ganze Anschwellung eine braunröthliche Färbung erhält. Von einfachen Oedem der Kehlkopfschleimhaut unterscheidet sich die tuberkulöse Infiltration intra vitam dadurch, dass ersteres eine weiche und viel schlaffere, schwappende Anschwellung von mehr graubläulicher oder grauröthlicher Färbung und mit der Sonde leicht eindrückbarer Oberfläche hervorruft.

Je nach der Oertlichkeit, an welcher die tuberkulöse Infiltration innerhalb des Larynx auftritt, giebt sie Veranlassung zu den verschiedenartigsten Veränderungen in der inneren Configuration desselben.

An der Epiglottis verschwinden der obere und die seitlichen scharfen Ränder und erscheinen wurstförmig abgerundet, der dünne glatte Körper derselben erreicht eine Dicke, welche das 5—6fache des normalen Durchmessers betragen kann: und zwar betrifft die Anschwellung immer sowohl die Schleimhaut der Zungen- als die der Laryngealfläche; die vorderen sowohl wie die seitlichen Ränder verlieren ihre normale Abbiegung nach vorn, oben und aussen und rollen sich nach Innen, sodass die Epiglottis die Gestalt einer aufrecht stehenden oder horizontal liegenden Mulde oder eines Hufeisens erhält. In der einen wie in der anderen Lage bleibt sie nunmehr auch fixirt, ihre Bewegungsfähigkeit bei den verschiedenen Phasen der Respiration und Phonation ist auf ein Minimum reducirt und in den Fällen von horizontaler Lagerung über dem Kehlkopfeingang insbesondere eine spontane Aufrichtung des Deckels bei Intonation hoher Töne vollständig unmöglich.

Die ligamenta aryepiglottica sind in ihren Contouren meist gar nicht mehr deutlich abzugrenzen, da sie theils in die Anschwellung der Plicae aryepiglotticae und der Epiglottis, theils in die des Schleimhautüberzuges der Aryknorpel mit hineingezogen sind, sodass es in hochgradigen Fällen aussieht, als ob die seitlichen Ränder der Epiglottis unmittelbar von den Köpfen der Aryknorpel aus entsprängen und aufstiegen. Jedenfalls ist überall da, wo sie noch als isolirtes Zwischengebilde zu erkennen sind, an Stelle ihres dünnen scharfen Randes ein ebensolch wurstförmiger Wulst zu sehen, wie ihn die Ränder der Epiglottis zeigen.

Die an den Schleimhautüberzügen der cartil. arytaenoideae durch die tuberkulöse Infiltration gesetzte Formveränderung lässt sich am Besten vergleichen mit den obersten, an der Spitze abgerundeten Abschnitten zweier

nebeneinanderstehenden Zuckerhüte: die characteristischen Contouren der
cartil. Santorinianae sind ebenso verstrichen wie die Linien des übrigen
Knorpels und die tubercula Wrisbergiana; ausgefüllt und verstrichen ist
auch der Intraarytaenoidal-Raum und die zuckerhutförmigen Wülste be-
rühren sich fast direct mit ihren einander zugekehrten Flächen. Dieselbe
pralle glatte Anschwellung wie über der Spitze der Aryknorpel findet sich
auch herab bis zu ihrer Basis und zwar ebensowohl auf der Laryngeal-
wie auf der Pharyngealfläche derselben und rechts und links um dieselbe
herum bis hinein in die recess. pharyngo-laryngei.

Sehr bedeutende Veränderungen verursacht auch die tuberkulöse Infiltration an den Taschenbändern und in den Morgagni'schen
Ventrikeln.

Während erstere im gesunden Larynx als schlanke, leistenartige Wülste
erscheinen, in welche sich die Schleimhaut der Seitenwand des Vestibulum
laryngis, unter Bildung eines fast rechten Winkels nach Innen vorspringend,
fortsetzt, erscheint bei tuberkulöser Infiltration dieser Winkel fast vollständig
verstrichen, und glatt und fast senkrecht vom Rande der Kehlkopfapertur
abfallend, geht ohne deutliche Grenze die seitliche Wand des Vestibulum
über in das eigentlich seinen Boden bildende und eine 5—6fache Volumenszunahme zeigende Taschenband. Die freien Ränder der letzteren verlieren
die Gestalt von Ellipsen-Segmenten und verlaufen von vorn nach hinten
in nahezu gestreckter Richtung: hierdurch werden die freien Stimmband-
ränder mehr oder weniger verdeckt und von oben her unsichtbar und es
ist häufig zu beobachten, was unter normalen Verhältnissen nie vorkommt,
dass die freien Ränder der Taschenbänder mit denen der Stimmbänder in
derselben senkrechten Ebene liegen, ja, dass sogar erstere die letzteren nach
Innen zu überragen.

Eine Folge der Volumenzunahme der Taschenbänder ist die Verkleinerung der Ventriculi Morgagni und zwar sowohl der Tiefe als der Höhe
und der Weite ihrer Mündungen nach. In Fällen mässiger Infiltration sieht
man wohl den Höhendurchmesser der rimula verringert: der Ventrikel
hat jedoch im Uebrigen noch so ziemlich seine gewöhnliche Form. Stärkere
Grade gestatten bereits keinen Einblick mehr in den Vorhof des Ventrikels:
die rimula klafft in Gestalt eines mehr oder weniger spitzen kurzschenk-
ligen Dreiecks, dessen Spitze da liegt, wo der sehnige Theil des Stimmbandes aufhört und dessen Schenkel vom Taschen- und Stimmbande gebildet
werden. Es kann aber endlich die tub. Infiltration auch so hochgradig
werden, dass die rimula nur noch durch einen feinen Spalt angedeutet
erscheint und von dem Lumen des Ventrikels durchaus nichts mehr zu
sehen ist; ja es kommen selbst Fälle vor, in denen eine vollständige

Verklebung der aneinander gepressten Ränder der Stimm- und Taschenbänder beobachtet wird und selbst der feine den Ventrikeleingang marki-
rende Spalt verschwindet: dann scheint die Schleimhaut der plica aryepigl.,
ohne dass auch nur eine Spur der Ränderconturen der Taschen- oder Stimmbänder zu sehen ist, in glatter Continuität über die Gegend der Glottis
hinweg, welche nur durch eine mässige Vorwölbung angedeutet ist, unmittelbar in den Schleimhautüberzug der cart. cricoidea überzugehen. Diese
exquisite Form der tuberkulösen Infiltration ist übrigens nicht häufig: sie
kam in vollkommenem Grade nur einmal zur Beobachtung. Häufiger findet
sich eine andere Art der Verklebung und Verwachsung innerhalb der
Morgagni'schen Ventrikel selbst, an der Stelle, wo der Vorhof in den Blindsack übergeht dadurch, dass Dach und Boden des Ventrikels daselbst in
Folge der tuberkulösen Infiltration aneinander gedrückt werden: dann erscheint der Blindsack des Ventrikels vollkommen abgeschlossen vom übrigen
Larynx.

An den wahren Stimmbändern endlich ist die tuberkulöse
Infiltration in der Form, wie sie an Epiglottis und plicae aryepiglott. gefunden wird, sehr selten zu beobachten. Zwar findet man in Fällen von
hochgradiger tuberkulöser Infiltration der gesammten Kehlkopfschleimhaut
anscheinend auch das Volumen der Stimmbänder vermehrt, ihre prismatische
Gestalt umgewandelt in einen Wulst von mehr ovalen Conturen und man
ist versucht, zu glauben, dass an der Verkleinerung des Raumes der Ventrikel auch eine Infiltration der wahren Stimmbänder einen wesentlichen
Antheil habe: die mikroskopische Untersuchung zeigt jedoch im Gegensatz
zu den Befunden an den bisher aufgezählten Gegenden des Kehlkopfs
Abwesenheit von Tuberkeln in der Stimmbandsubstanz als Regel, und
als Grund der Volumenzunahme meist nur eine Auseinanderdrängung der
Muskelbündel durch Einlagerung einer grossen Anzahl kleiner Rundzellen
zwischen dieselben: sehr selten nur findet man echte Tuberkel.

Desgleichen kommt unterhalb der Glottis die tuberkulöse Infiltration
selten und nur noch in der pars membranacea der Trachea vor: im
cartilaginösen Theile ward sie niemals beobachtet. Der Grund hierfür ist,
ebenso wie bei den Stimmbändern, wahrscheinlich in den anatomischen Verhältnissen der Trachea, insbesondere der sehr straffen Anheftung der Tracheal-
Schleimhaut an den Knorpeln und ihrer festen Ausspannung zwischen je
zwei Knorpelringen zu suchen. —

Sitz und Beschaffenheit der Ulcerationen der Kehlkopfs-Schleimhaut.

1. Epiglottis.

Ulcerationen an der Epiglottis waren 26 Mal vorhanden (unter 47 Fällen von Ulcerationen des Larynx überhaupt, also bei 55,3 °/₀) und zwar 21 Mal am Körper derselben und insbesondere an oder in der Nähe der Basis auf ihrer Laryngealoberfläche,

3 Mal nur an den seitlichen Rändern (2 Mal links, 1 Mal rechts);

1 Mal nur an der Spitze;

1 Mal fehlte die ganze obere Hälfte der Epiglottis in Folge geschwüriger Zerstörung bei gleichzeitiger Anwesenheit eines grossen Geschwürs auf dem hintersten Theile der Zunge.

Gleichzeitig mit Ulcerationen auf der Innenfläche der Epiglottis fanden sich ausserdem noch Ulcerationen

am Rande 4 Mal,

an der Spitze 3 Mal.

Bloslegung des Knorpels mit beginnendem Substanzverlust ward 2 Mal nur beobachtet und zwar nur bei Ulcerationen an der Spitze und am Rande der Epiglottis.

In 24 von 26 Fällen von Ulcerationen an der Epiglottis, also bei 92,3 %, konnte das Vorhandensein von Tuberkeln constatirt werden: Demnach ist das bei Phthisis pulmonum sich findende Epiglottisgeschwür in der Regel als tuberkulöses Geschwür zu betrachten.

Ulcerationen auf der Zungenfläche der Epiglottis kamen, abgesehen von dem einen Falle von vollständiger Zerstörung der oberen Epiglottishälfte, überhaupt nicht vor; nur da, wo bei gleichzeitiger tuberkulöser Infiltration der Epiglottis an ihren Rändern Geschwüre sich zeigten, sah man auch ein geringes Uebergreifen des Geschwürs auf die Vorderfläche der Epiglottis. Das äussere Ansehen der Epiglottisgeschwüre ist ein mannigfaltiges. Man findet sie entweder zu mehreren, aber isolirt stehend, und dann meist klein, bis linsengross, rund oder rundlich, mit meist scharfen Rändern und wenig vertieftem Boden, meist mit blasser, seltener mit hyperämischer Umgebung. Diese Form findet sich hauptsächlich an der oberen Hälfte der Laryngealfläche, nahe dem vorderen oder den seitlichen Rändern: oder es zeigt sich ein grosses, aus Confluenz kleinerer oder durch schnelles Umsichgreifen des Ulcerationsprocesses überhaupt entstandenes tiefes Geschwür ohne bestimmte Form, mit zuweilen zackigen, doch auch glatten Rändern; solche finden sich insbesondere von der Mitte der

Epiglottis ab, bis herab zu ihrer Basis und dem petiolus; sie setzen sich häufig unmittelbar fort in Geschwüre am vorderen Stimmbandwinkel oder mit Vorliebe in Geschwüre auf den Taschenbändern und der Innenfläche der Plicae aryepiglotticae.

2. Ligamenta aryepiglottica.

An den Ligg. aryepiglottic. waren Ulcerationen 7 Mal vorhanden (also in ca. 15 %).

Dieselben fanden sich nur in solchen Fällen, wo gleichzeitig tuberkulöse Infiltration der Ligg. aryepigl. bestand und waren demgemäss auch ausschliesslich tuberkulöser Natur. Sie sind meist oberflächlich, länglich, verlaufen meist in der Längsrichtung der Ligamenta und sind sehr häufig Fortsetzungen von Ulcerationen an den absteigenden Rändern der Epiglottis.

3. Cartilagines arytaenoideae.

An den Schleimhautüberzügen der Giesskannenknorpel wurden Ulcerationen in 23 verschiedenen Fällen beobachtet, also bei 48,8 % (22 Mal tuberkulös, 1 Mal nicht-tuberkulös). Dieselben befanden sich an der Basis der Knorpel und ihrem unteren Theile incl. des Intraarytaenoidal-Raumes in 13 Fällen;

am Kopfe der Schleimhautkappe und der oberen Hälfte in 15 Fällen, und zwar:

auf der Pharyngealfläche 7 Mal,

auf der Laryngealfläche 8 Mal

(darunter 2 Mal auf beiden Flächen gleichzeitig).

Die Ulcerationen an der Basis der Knorpel waren

11 Mal auf beiden Seiten,

2 Mal nur rechts.

Die Ulcerationen an der oberen Fläche des Knorpelüberzugs waren auf der Pharyngealfläche

3 Mal beiderseitig,

2 Mal rechts,

1 Mal links,

auf der Laryngealfläche

7 Mal beiderseitig,

1 Mal rechts.

Ulcerationen auf der Pharyngealfläche des Schleimhautüberzuges
der Giesskannknorpel kamen nur bei gleichzeitiger tuberkulöser Infiltration desselben vor.

Die Ulcerationen auf der Laryngealfläche des oberen Abschnittes
des Giesskannenüberzuges bestanden:

4 Mal bei gleichzeitiger tuberkulöser Infiltration derselben.

4 Mal ohne diese;

doch fanden sich in sämmtlichen 4 letzteren Fällen ebenso Tuberkel in
den Ulcerationen, wie in den ersten 4, und konnten auch in 12 von den
13 Fällen von Ulceration an der Basis der Aryknorpel Tuberkel nachgewiesen werden.

Der eine Fall von nicht-tuberkulöser Ulceration wird weiter unten
erörtert werden.

Das äussere Ansehen der an den cartil. arytaen. auftretenden
Ulcerationen anlangend, so ist dasselbe je nach der befallenen näheren
Oertlichkeit ein sehr verschiedenes.

Die tiefsten Geschwüre finden sich, wenn die Basis Sitz der Ulceration ist: die der Fläche nach am ausgebreitetsten in der Regel auf der
Vorder- (Laryngeal-) Fläche des Knorpels, sowie im Intraarytaenoidalraum;
zahlreiche kleine, oberflächliche, häufig confluirende oder aber auch dicht
nebeneinanderstehende und die Schleimhaut fast siebförmig durchbohrende
an den oberen Rändern der Schleimhautüberzüge und auf der Pharyngealfläche bei gleichzeitiger tuberkulöser Infiltration derselben.

Die Geschwüre an der Basis reichen meist bis an die Knorpel selbst
und veranlassen theils durch oberflächliche Maceration mehr oder weniger
bedeutende Substanzverluste derselben, theils bewirken sie durch allmäliges
Weiterschreiten und Vergrösserung der Geschwürshöhle Lockerung, vollständige Ablösung des Knorpels aus seiner Umgebung und endlich Heraus-
stossung desselben in toto. Letztere fand sich vollständig in 5 Fällen; und
zwar fehlte 4 Mal der rechte, 1 Mal der linke Knorpel. Im Uebrigen
ist weder Gestalt, noch Rand oder Grund der Geschwüre irgendwie
charakteristisch; die Formen sind durchaus unregelmässig, die Ränder glatt
oder häufig mit einzelnen papillenähnlichen oder zottenartigen Wucherungen
besetzt, der Geschwürsgrund in der Regel höckrig, zuweilen mit schmutzig-
grauem Belege bedeckt. —

4. Taschenbänder und Ventric. Morgagni.

Ulcerationen an den Taschenbändern fanden sich in 14 Fällen,

(13 Mal tuberkulös, 1 Mal nicht-tuberkulös),

in den Ventrikeln in 12 Fällen.

Erstere sassen auf beiden Seiten in 8, am rechten allein in 4, am linken allein in 3 Fällen und waren mit Ausnahme eines einzigen Falles von eben beginnender kleiner Ulceration am vorderen und hinteren Ende des rechten Taschenbandes sämmtlich tuberkulöser Natur.

Ausnahmslos tuberkulöser Natur waren die Geschwüre in den Ventric. Morgagni.

Ulcerationen auf Ringknorpelschleimhaut kamen 12 Mal (11 tuberkulös, 1 nicht-tuberkulös) zur Beobachtung.

5. Stimmbänder.

Ulcerationen an den Stimmbändern wurden

in 40 Fällen, also bei 85,1 %

gefunden; dieselben befanden sich

an beiden Stimmbändern gleichzeitig in 27 Fällen, nur am rechten oder nur am linken bei Intactheit der betreffenden andern Seite in je 5 Fällen, am vordern Stimmbandwinkel allein in 3 Fällen.

Vollständige Zerstörung der Stimmbänder war in 11 Fällen vorhanden; und zwar:

beider gleichzeitig in 5 Fällen,
des rechten und linken allein in je 3 Fällen.

In je 2 Fällen von letzteren 6 zeigte sich an dem betreffenden anderen Stimmbande ebenfalls Ulceration; in je 1 Falle war letzteres dagegen vollständig intact.

Partielle Ulceration an den Stimmbändern war in 26 Fällen vorhanden und zwar nur auf einer Seite bei Intactheit der anderen in je 4 Fällen;

auf beiden Seiten gleichzeitig in 13 Fällen,
am vorderen Winkel in 13 Fällen.

Im Einzelnen waren betroffen:

die Processus vocales in 10 Fällen:

5 Mal beide gleichzeitig,
3 Mal die rechten allein,
2 Mal die linken allein.

Die übrigen Theile des Stimmbandes in 16 Fällen:

11 Mal beide Seiten gleichzeitig,
3 Mal die linke allein,
2 Mal die rechte allein,

11 Mal die hinteren Enden,
 4 Mal das ganze Stimmband,
 1 Mal die vorderen zwei Drittel.

In den 5 Fällen von isolirter Ulceration am linken Stimmbande war von derselben befallen:

2 Mal das hintere Drittel am Rande,
1 Mal der proc. voc.,
1 Mal die vorderen zwei Drittel,
1 Mal das ganze Stimmband (fast vollständige Zerstörung).

In den 5 Fällen von isolirter Ulceration am rechten Stimmbande war befallen:

1 Mal das hintere Drittel
1 Mal die hinteren zwei Drittel } am Rande,
2 Mal der proc. voc.
1 Mal das ganze Stimmband (vollständige Zerstörung).

Die 27 Fälle von gleichzeitiger Ulceration an beiden Stimmbändern gruppiren sich folgendermassen:

fast vollständige Zerstörung beider Stimmbänder: 2 Mal,
     „   „   „   des rechten, Ulceration an den vorderen zwei Dritteln des linken: 1 Mal.
     „   „   „   des rechten, Ulceration des ganzen linken Stimmbandes: 1 Mal.
     „   „   des linken, Ulceration am hinteren Drittel des rechten: 2 Mal.

Ulceration nur an beiden processus vocales allein: 5 Mal,
     „   am linken proc. voc. und am rechten Stimmband: 1 Mal,
     „   am rechten proc. voc. und auf der Mitte beider Stimmbänder: 1 Mal,
     „   an Rändern und auf Oberfläche der Stimmbänder war 11 Mal vorhanden:
               7 Mal davon waren nur die hinteren zwei Drittel oder hinteren Enden befallen,
               4 Mal die Stimmbänder ihrer ganzen Länge nach.
     „   am vorderen Stimmbandwinkel war 13 Mal vorhanden.

In welchem Verhältniss die beiden Seiten des Larynx an den Stimmbändern von Ulcerationen befallen werden, ergiebt sich aus folgender Zusammenstellung. Es fand sich nämlich:

	am rechten Stimmband	am linken Stimmband
Vollständige Zerstörung	8 Mal	8 Mal
Ulceration am processus vocalis . . .	8 Mal	7 Mal
„ an den hinteren Enden . .	11 Mal	9 Mal
„ längs des ganzen Bandes . .	5 Mal	5 Mal
„ an den vorderen zwei Dritteln .	—	2 Mal
„ auf der Mitte (gleichzeitig mit Ulc. am proc. voc.) . .	1 Mal	1 Mal
	32 Mal	32 Mal

Das linke Stimmband wird also von Ulcerationen gerade so häufig befallen wie das rechte, was der gegentheiligen Behauptung Friedreich's gegenüber (l. c.) hervorgehoben zu werden verdient.

Das äussere Ansehen der Stimmbandgeschwüre ist ein sehr mannigfaltiges. Am Lebenden fällt zunächst auf die in höherem oder geringerem Grade immer vorhandene Röthung der erkrankten Stellen. Sind die Ränder exulcerirt, dann verlieren dieselben ihre scharfe glatte Kante, welche häufig ausgezackt und wie mit kleinen Höckern besetzt erscheint und anstatt des gestreckten Verlaufs eine sichelförmige Excavation zeigt. Beginnende Geschwüre auf der Fläche der Stimmbänder haben nicht selten die Gestalt von schmalen flachen Längsspalten, auf deren innerer und äusserer Seite noch normale Schleimhaut vorhanden ist: beginnende Geschwüre in der Gegend der processus vocales bilden um diese selbst als vertieftes Centrum herum eine flache, senkrecht zur Glottis-Ebene stehende Delle, welche insbesondere bei Phonations-Versuchen deutlich hervortritt und ein Klaffen der Glottis an der betreffenden Stelle bewirkt.

Bei höheren Graden von Ulceration erscheint das Stimmband oft seiner ganzen Länge nach mehrfächrig zerklüftet, in zwei bis drei terrassenartig übereinander liegende breite und dicke Wülste getheilt, von deren oberer Fläche zahlreiche Zacken und Zäckchen emporragen und von denen nur noch die unterste der unteren Fläche des ursprünglichen Stimmbandes entsprechende und am Weitesten nach Innen vorragende mit der entsprechenden Schicht der anderen Seite, bez. dem intacten Stimmband dieser Seite einen Glottis-Schluss annähernd herbeizuführen im Stande ist.

In den hochgradigsten Fällen von ulcerativer Zerstörung sind die Contouren des Stimmbandes überhaupt nicht mehr zu erkennen: an Stelle der breiten dicken Muskelmasse steht oft nur noch eine schmale, dünne Leiste oder mehrere solche übereinander. Ein Glottis-Schluss ist ganz unmöglich und sind dies die gar nicht so selten zur Beobachtung kommenden Fälle, in denen die Taschenbänder, vorausgesetzt, dass sie selbst noch intact

sind, vicariirend für die Stimmbänder eintreten und durch fortgesetzte
Anstrengungen des Kranken, einen Ton zu erzeugen, allmählich so weit
nach Innen sich einander zu nähern eingeübt werden, dass ein Laut, wenn
auch nur mehr krächzender Art, hervorgebracht werden kann.

In 32 von 40 Fällen, also bei 80 %, waren die Ulcerationen an den
Stimmbändern tuberkulöser Natur.

In acht Fällen, also bei 20 %, konnten Tuberkel nicht nachgewiesen
werden. Ebensowenig jedoch, wie an irgend einer anderen Stelle des Larynx
lassen sich beide Geschwürsformen bereits auf den äusseren Anblick
hin von einander unterscheiden.

Betrachten wir zunächst obige acht Fälle nicht-tuberkulöser Ulceration rücksichtlich ihres Sitzes, so befanden sie sich:

au beiden proc. voc. gleichzeitig bei intactem übrigen Larynx: 2 Mal,
am hinteren Ende des linken Stimmbandes an der Basis der
    cart. aryt.   bei intactem übrigen Larynx: 1 Mal,
nur am vorderen Stimmbandwinkel   do.:   1 Mal,
an Rändern und auf der Fläche beider Stimmbänder   do.:   3 Mal,
an derselben Stelle und gleichzeitig an der Spitze der Epiglottis: 1 Mal.

Neben fünf von diesen Fällen war indessen gleichzeitig tuberkulöse
Ulceration der Trachea vorhanden.

In den drei übrigen Fällen war die Trachea überhaupt nicht afficirt.

In sämmtlichen acht Fällen von nicht-tuberkulöser Ulceration
des Larynx war der Prozess entschieden eben erst im Beginn und
frischer Natur; namentlich aber gilt dies von den drei Fällen, in denen
neben der Larynxulceration eine solche der Trachea nicht bestand.

Denn in dem einen Falle waren in der Gegend der proc. vocales mehr
am unteren Rande der Stimmbänder nur zwei dunkelrothe, ganz oberflächlich abgeschilferte rundliche Stellen zu sehen und in deren Umgebung kleine
Hämorrhagien; in dem anderen Falle befand sich nur am hintersten Ende
des linken Stimmbandes nahe seinem freien Rande und an der Basis der
cart. aryt. ein halb kaffeebohnengrosses Geschwür; im dritten Falle endlich
waren flache Ulcerationen längs der freien Ränder beider Stimmbänder,
ausserdem eine kleine flache Ulceration an der Spitze der Epiglottis vorhanden.

In den fünf anderen Fällen, in denen die Trachea gleichzeitig tuberkulöse Ulcerationen zeigte, fand sich

1 Mal beginnende Ulceration am hinteren Ende beider Stimmbänder und
    auf der Fläche des linken in der Mitte;

1 Mal beginnende Ulceration längs der freien Ränder beider Stimm-
    bänder;

1 Mal flache kleine Ulceration am linken proc. vocalis;

1 Mal eine ganz kleine Ulceration dicht unterhalb des vorderen Winkels;
1 Mal ein flaches linsengrosses ulcus am linken Rande der Epiglottis
und flache Ulcerationen an den hinteren Enden beider Stimmbänder, sowie am vorderen und hinteren Ende des rechten
Taschenbandes.

Die 32 Fälle von tuberkulöser Ulceration anlangend, so gehören zu diesen zunächst sämmtliche 11 Fälle von fast vollständiger
Zerstörung der Stimmbänder, bez. des ganzen Kehlkopfinnern, also sämmtliche Fälle, die man in erster Linie als Fälle von wahrer Phthisis laryngea bezeichnen kann.

Ferner 8 Fälle von Ulceration an den proc. voc., also 80% derselben
(2 Mal rechts, 6 Mal an beiden),

11 Fälle von Ulceration an Fläche und Rändern der Stimmbänder,
also 68,7% (2 Mal links, 2 Mal rechts, 7 Mal an beiden),

2 Fälle von isolirter Ulceration am vorderen Winkel (in 10 anderen
Fällen von Ulceration an demselben waren gleichzeitig auch andere Theile
der Stimmbänder ulcerirt).

In allen diesen 32 Fällen waren die Ulcerationen nicht allein an und
für sich ausgebreiteter und tiefer, wie in obigen 8 Fällen, und betrafen nicht allein gleichzeitig mehrere verschiedene Stellen der Stimmbänder, sondern es bestanden auch fast durchweg (in 28 von 32 Fällen)
neben ihnen auch noch an anderen Stellen des Kehlkopfes Ulcerationen,
und zwar sassen dieselben

an der Epiglottis und an den Cart. aryt. je	19	Mal,
in der Trachea.	18	„
an den Taschenbändern	13	„
in den Ventrikeln	12	„
auf der Innenfläche des Ringknorpels	10	„
an den Ligg. aryepiglott.	5	„

Die verschiedenen Combinationen der tuberkulösen Ulcerationen an den
Stimmbändern mit gleichzeitiger tuberkulöser Ulceration an anderen Stellen
des Kehlkopfes veranschaulicht nachstehende Uebersicht.

Es fanden sich nämlich gleichzeitig tuberkulöse Ulcerationen in
28 Fällen und zwar:

Epigl.	Ligg. aryepigl.	Cart. arytaen.	Taschen-bänd.	Ventr. Morgagni.	Ring-knorpel.	Trachea.	
An —	—	—	—	—	—	— (1mal nicht-tub. 1mal tub.)	in 2 Fällen.
„ —		—	—	—		— (nicht-tub.)	in 3 Fällen.
„ —		—		—	—	— (nicht-tub.)	in 1 Fall.
„ —	—	—	—			— (nicht-tub.)	in 1 Fall.
„ —		—		—	—	— (nicht-tub.)	in 3 Fällen.
„ —		—	—	—			in 2 Fällen.
„ —			—	—		—	in 2 Fällen.
„ —				—		(1mal nicht-tub. 1mal tub.)	in 1 Fall.
„ —		—			—	—• (nicht-tub.)	in 1 Fall.
„			—		—	— (nicht-tub.)	in 1 Fall.
		—			—	— (nicht-tub.)	in 1 Fall.
„ —	—						in 1 Fall.
			—			— (nicht-tub.)	in 1 Fall.
„ —							in 1 Fall.
„			—	—			in 1 Fall.
„ —				—			in 2 Fällen.
„			—				in 2 Fällen.
„					—		in 1 Fall.
						— (nicht-tub.)	in 1 Fall.
							Sa. 28 Fälle.

Neben 4 Fällen von tuberkulöser Ulceration der Stimmbänder bestand keine Complication.

In den übrigen 7 Fällen von tuberkulöser Ulceration des Larynx waren die Stimmbänder intact und befanden sich die Ulcerationen

Epigl.	Ligg. aryepigl.	Cart. arytaen.	Taschen-bänd.	Ventr. Morgagni.	Ring-knorpel.	Trachea.	
An —	—	—			—		in 1 Fall.
„ —	—					— (nicht-tub.)	in 1 Fall.
„ —		—					in 3 Fällen.
„		—					in 2 Fällen.

In Sa. 11 Mal tub.
„ 24 Mal 7 Mal 22 Mal 13 Mal 12 Mal 11 Mal 8 Mal nicht-tub.

Hiernach lassen sich die einzelnen Theile des Larynx je nach der Häufigkeit ihres Befallenseins bei gleichzeitiger Lungenphthisis

1. von Ulcerationen überhaupt,
2. von tuberkulösen Ulcerationen,
3. von nicht-tuberkulösen Ulcerationen

in folgende Skalen einreihen:

ad 1. Am Häufigsten sitzen die Ulcerationen überhaupt:

an den Stimmbändern in 40 von 49 Fällen von Ulcerationen des Larynx und der Trachea, also in $81,6 \%$.

Hierauf folgen

die Epiglottis $\Big\}$ mit je 26 von 49 Fällen $\quad = 53 \quad \%$,
die Trachea

die Cartil. arytaenoideae mit 23 von 49 Fällen $= 46,9 \%$,
die Taschenbänder mit 14 von 49 Fällen $\quad = 28,5 \%$,
die Ventr. Morgagni und die $\Big\}$ mit je 12 von
Innenfläche des Ringknorpels $\quad$ 49 Fällen $\quad = 24,4 \%$.

ad 2. Tuberkulös waren die Ulcerationen

an den Ligg. aryepiglott. und $\Big\}$ in allen Fällen,
in den Ventr. Morgagni

an den Cartil. arytaen. in 22 von 23 Fällen, welche hier überhaupt Ulcerationen zeigten $\quad = 95,6 \%$,
an den Taschenbändern in 13 von 14 Fällen $= 92,8 \%$,
an der Epiglottis $\quad$ „ 24 „ 26 „ $\quad = 92,3 \%$,
an der Innenfläche des
Ringknorpels $\quad$ „ 11 „ 12 „ $\quad = 91,6 \%$,
an den Stimmbändern $\quad$ „ 32 „ 40 „ $\quad = 80 \ \%$,
in der Trachea $\quad$ „ 18 „ 26 „ $\quad = 69,2 \%$.

ad 3. Nicht-tuberkulöse Ulcerationen sind am Häufigsten:

in der Trachea $\quad$ in 8 von 26 Fällen $= 30,7 \%$,
an den Stimmbändern $\quad$ „ 8 „ 40 „ $\quad = 20 \ \%$,
sodann auf der Innenfläche
des Ringknorpels $\quad$ „ 1 „ 12 „ $\quad = 8,3 \%$,
an der Epiglottis $\quad$ „ 2 „ 26 „ $\quad = 7,6 \%$,
an den Taschenbändern $\quad$ „ 1 „ 14 „ $\quad = 7,1 \%$,
an den Cartil. arytaen. $\quad$ „ 1 „ 23 „ $\quad = 4,3 \%$,

und wurden überhaupt nicht beobachtet an den Ligg. aryepiglott. und in den Ventrikeln.

Es liegt nahe, die Stellung, welche die einzelnen Regionen des Larynx in Skala 2 einnehmen, mit deren anatomischen Verhältnissen in Zusammenhang zu bringen und hiernach denjenigen Stellen des Larynx die grösste

Disposition zur Entstehung tuberkulöser Ulcerationen zuzuerkennen, an denen die Schleimhaut locker und in ausdehnungsfähiger Weise das Knorpelgerüst bedeckt oder Zwischenräume desselben ausfüllt, andererseits aber das seltenere Vorkommen der Tuberkulose an den Orten, wo die Schleimhaut straff gespannt ist, wie an den Stimmbändern und am knorpeligen Theile der Trachea mit dem Mangel an Raum und der dadurch gegebenen Schwierigkeit einer leichteren Ausbreitung des Processes in Zusammenhang zu bringen. Erwähnt mag hier noch werden, dass an der Leiche makroskopisch eine Hyperämie der Larynx- und Trachealschleimhaut in den Fällen, in welchen tuberkulöse Ulcerationen gefunden wurden, sehr selten beobachtet wurde, in der Regel vielmehr eine ganz exquisite Anämie derselben.

Ulcerationen auf der Pharynxschleimhaut wurden 11 Mal gefunden und zwar sassen dieselben theils in den recessus pharyngo-laryngei, theils an den ligg. pharyngo-hyo- oder glosso-epiglottic.

Sie fanden sich nur in Fällen gleichzeitiger tuberkulöser Ulceration im Larynx und waren selbst stets tuberkulösen Ursprungs.

Aus vorstehender makroskopischer Schilderung der Ulcerationsprocesse im Larynx geht zunächst soviel hervor, dass, abgesehen von der die Diagnose eben ohne Weiteres gestattenden sogenannten tuberkulösen Infiltration, weder aus Form und Gestalt, noch aus dem Grade oder der Ausbreitung des Ulcerationsprocesses allein intra vitam wird erkannt werden können, ob Tuberkulose vorliegt oder nicht; diese wird jedoch um so wahrscheinlicher, wenn die oben erwähnten bestimmten Stellen vorwiegend befallen sind, je hochgradiger und ausgedehnter die Ulcerationen sich darstellen und je mehr Stellen gleichzeitig von Ulceration befallen sind.

Eine besondere Erwähnung bedürfen endlich noch die Ulcerationen der Trachea.

Sie sind entweder über die ganze eine starke Hyperämie zeigende Trachealschleimhaut verbreitet aber oberflächlicher Natur, stecknadelkopfgross, mit gelbem Saume und sehr wenig vertieftem Grunde, in dessen Mitte meist die Mündung eines Drüsenausführungsganges liegt: oder sie treten vereinzelt an verschiedenen Stellen der im Uebrigen und in ihrer Umgebung nicht veränderten Trachealschleimhaut auf, liegen manchmal zu mehreren zusammen und finden sich mit Vorliebe da, wo der cartilaginöse Theil in den membranösen übergeht, sind dann durchweg tiefer und häufig bis auf den Knorpel reichend, der im Grunde blos liegt, haben glatte scharfe Ränder, meist rundliche Gestalt und erreichen Linsengrösse und darüber. Letztere sind in der Regel tuberkulöser Natur, erstere niemals. Zwischen beiden Geschwürskategorien kommen aber auch Mischformen vor und endlich sind die Fälle nicht gar so selten, in welchen ein grösserer oder kleinerer Theil der Tracheal-Schleimhaut in ein grosses, confluirendes Geschwür mit scharlachrother Hyperämie in der Umgebung und Bloslegung zahlreicher Knorpelringe und partieller Zerstörung und Losstossung solcher verwandelt ist. Der membranöse Theil der Trachea zeigt manchmal eine ganz enorme Volumenszunahme, insbesondere in der Nähe solch grosser confluirender Geschwüre und lässt dann mikroskopisch die tuberkulöse Infiltration in ganz exquisiter Weise erkennen.

Unter den 26 von mir gesammelten Fällen von Ulceration der Trachea fanden sich, wie schon oben bemerkt, überhaupt 18 Mal tuberkulöse Ulcerationen, 8 Mal solche nicht-tuberkulösen Ursprungs. In sechs von letzteren Fällen handelte es sich um oberflächliche, eben beginnende, vereinzelte und kleine Ulcerationen und stellenweise nur um Erosionen, in einem Falle waren überhaupt nur 2—4 Geschwüre vorhanden, in einem Falle fanden sich reichliche, aber auch nur flache, z. Th. confluirende Geschwüre mit speckigem Belag.

Dagegen zeigten von den 18 Fällen von tuberkulöser Ulceration der Trachea 4 entweder eine einzige, wenn auch sehr tiefe Ulceration oder mehrere vereinzelte: in den 14 übrigen Fällen war der Ulcerationsprocess ein über den cartilaginösen sowohl wie membranösen Theil der Trachea weit ausgebreiteter und waren die einzelnen Ulcerationen meist sehr tief und sehr häufig über grosse Strecken hin confluirend und von Knorpelnekrose und Substanzverlust am Knorpel begleitet. Es wiederholt sich also auch bei der Trachea dieselbe Erscheinung, welche wir bereits oben beim Larynx hervorgehoben haben und welche mit als Merkmal zur Unterscheidung zwischen den tuberkulösen und nicht-tuberkulösen Ulcerationen benützt werden kann: jene sind ausgebreiteter und tiefer, diese spärlicher und mehr oberflächlich und es steigt die Wahrscheinlichkeit dafür, dass Tuberkulose vorhanden ist mit der Intensität und Extensität des Processes im gegebenen Falle.

Um schliesslich noch mit einigen Worten des Charakters der phthisischen Lungenaffectionen zu gedenken, neben welchen jene 376 Fälle von Larynxulcerationen bestanden, so fanden sie sich zum grössten Theile als einfache chronische Tuberkulosen der Lungen bezeichnet, anderntheils als chronische verkäsende Pneumonien und Peribronchitiden bei gleichzeitiger Anwesenheit von miliaren Tuberkeln, Bronchiectasien und Cavernen. Bei akuter miliarer Tuberkulose der Lungen waren Larynxulcerationen in keinem Falle verzeichnet.

Es wäre interessant und für die Entscheidung der Frage, ob eine primäre Kehlkopftuberkulose vorkommt, von Wichtigkeit gewesen, wenn hätte nachgewiesen werden können, dass tuberkulöse Larynxulcerationen auch in Leichen solcher Phthisiker vorkommen, deren Lungenzerstörung

nicht durch Tuberkulose hervorgerufen oder durch Hinzutritt miliarer
Tuberkel complicirt worden war. Die Resumé's der Sectionsbefunde, welche
mir allein zu Gebote standen, haben indessen keine Anhaltspunkte geliefert,
um diesem Gesichtspunkte näher treten zu können.

Eine besondere Erwähnung verdient noch der vielfach behauptete
Zusammenhang der Larynx- und Trachealulcerationen mit den Cavernen
der Lungen.

Es fanden sich Cavernen verzeichnet unter den 1226 Fällen von
Phthisis pulmonum bei 632, also bei 51,5%, und unter den 376 Fällen
mit Larynxulcerationen bei 223, also bei 59,3%. Ulcerationen des Larynx
waren demnach nur bei 223 von 632 Phthisen mit Cavernen, also bei
35,4% vorhanden und ergiebt sich schon aus diesen Zahlen, dass die Entstehung der Kehlkopfgeschwüre in kausalem Zusammenhange mit den Lungen-
cavernen nicht gebracht werden kann. Uebrigens befanden sich die
Cavernen nur in ganz vereinzelten Fällen in der einen oder anderen
Lunge allein; in der Regel waren solche in beiden vorhanden. —

Wir gehen nunmehr über zur Schilderung der mikroskopischen
Befunde und betrachten demgemäss zunächst die tuberkulöse Infil-
tration der Larynx- und Tracheaschleimhaut, dann das tuberkulöse
Geschwür und endlich die nicht-tuberkulösen Geschwüre derselben.

1) Die tuberkulöse Infiltration der Larynxschleimhaut characterisirt
sich mikroskopisch durch folgende Momente.

Zunächst fällt auf die ganz bedeutende Zunahme des Dickendurchmessers der Schleimhaut, welche Mucosa und Submucosa gleichmässig betrifft und das 3—4fache der gewöhnlichen Dicke betragen kann. Am stärksten
tritt dieselbe zu Tage an den Schleimhautüberzügen der Cart. arytaen.,
insbesondere an deren Spitzen und den Ligg. aryepiglottic., sowie an
der Epiglottis. An der Epiglottis wurden Dickendurchmesser von 6 Mm.
und darüber, an den Aryknorpelüberzügen sogar von 1 Ctm. gefunden
(conf. Taf. III, Fig. 1a.)

Was das Epithel anbelangt, so zeigt dasselbe bei der tuberkulösen
Infiltration keine besonderen Veränderungen: es ist in den meisten Fällen,
so lange es noch nicht zur Geschwürsbildung gekommen ist, wohlerhalten,
selbst da, wo dicht unterhalb desselben reichliche Tuberkel angehäuft sind,
ein Umstand, welcher u. A. gegen die Möglichkeit der Entstehung der
sekundären Tuberkelinfiltration durch directe Aufnahme der Tuberkel Seitens
der Schleimhautepithelien und zwischen denselben hindurch (Wagner,
l. c. p. 615) sprechen dürfte.

Die tuberkulöse Ablagerung innerhalb der Larynx-Schleimhaut findet sowohl in die Mucosa als in die Submucosa, immer aber oberhalb der Schleimdrüsenschicht statt. Sie besteht in allen ausgesprochenen Fällen von tuberkulöser Infiltration ihrem Hauptbestandtheile nach aus einer Ansammlung zahlreicher einzelner kleinster und grösserer auch bis hirsekorngrosser und auf Durchschnitten dann mehr oder weniger bereits makroskopisch von einander unterscheidbarer Tuberkelknötchen, welche eingebettet liegen in einem diffusen fein- oder grobmaschigem reticulirten und mit zahlreichen kleinen Rundzellen erfüllten Gewebe. Diese Tuberkelansammlung ist entweder gleichmässig durch die ganze Dicke der Schleimhaut verbreitet: dies ist der seltenere Fall, oder aber, und dies ist die Regel, man findet sie im obersten Theile der Mucosa unmittelbar unter dem Epithel, in einer Breite von nahezu 1 Mm. eine parallel dem Rande verlaufende Zone bildend, am dichtesten und reichlichsten; endlich trifft man auch hier und da Bilder, (Taf. 1, Fig. 4 i), welche zwischen der unteren Grenze der Epithelschicht und dem oberen Rande der Tuberkellage einen deutlich wahrnehmbaren, scharf sich abhebenden freien Zwischenraum erkennen lassen, der zwar spärliche Rundzellen und häufig einen auffallenden Reichthum an Capillargefässen, aber weder Tuberkel noch auch reticulirtes Gewebe enthält, Bilder, welche einen weiteren Beweis dafür abgeben dürften, dass die Tuberkelinfiltration in die Schleimhaut hinein nicht von aussen her und durch die Epithelschicht hindurch erfolgen kann, dass vielmehr Mucosa, resp. Submucosa diejenigen Orte sind, an welchen die Ablagerung zuerst erfolgt und dass demnach auch das tuberkulöse Geschwür durch Perforation von innen nach aussen sich bildet.

In den tieferen Schichten der Mucosa nehmen die Tuberkel an Menge ab, ebenso wie auch die Rundzellen weniger dicht gesäet erscheinen.

Die tuberkulöse Infiltration der Trachealschleimhaut bedingt allerdings auch eine Volumenszunahme: so hohe Grade von Verdickungen wie an der leicht verschieb- und dehnbaren Larynxschleimhaut kommen bei der straffen Anheftung der Trachealschleimhaut indessen nicht zur Beobachtung, wenn schon sich immerhin Fälle finden, in denen das Lumen der Trachea insbesondere in den tieferen Theilen eine deutliche Verengung erkennen lässt.

Wie aber die tuberkulöse Infiltration der Larynxschleimhaut vorwiegend an solchen Stellen getroffen wird, an denen die Schleimhaut locker aufliegt und räumliche Hindernisse für die Anschwellung und Ablagerung fehlen, so sehen wir auch an der Trachealschleimhaut die Infiltration mit Vorliebe innerhalb der pars membranacea auftreten, und hier allerdings in so exquisiten Formen und charakteristischen Bildern, wie man sie über-

haupt nur selten anderswo zu Gesicht bekommen dürfte; die pars membranacea ist übrigens auch derjenige Theil der Trachea, auf dessen Rech-
nung hauptsächlich die erwähnte Verengerung des Lumens derselben zu
setzen ist. Im knorpeligen Theile der Trachea liegen die Tuberkel
entweder dicht unter dem Epithel und oberhalb der Drüsen in einer
continuirlichen auch über die Knorpelringe mit weggehenden Schicht, deren
Zwischenräume ausgefüllt werden durch ausserordentlich reichliche Massen
von Rundzellen, oder aber und mit Vorliebe in dem Raume zwischen je
2 Knorpelringen und zwischen den oder auch sogar innerhalb der daselbst vorhandenen Drüsen, während dann die oberhalb der Drüsenzone
befindliche Infiltration mehr den diffusen Character zeigt.

Die den Hauptbestandtheil der tuberkulösen Infiltration bildenden
Tuberkel zeigen bald runde, bald ovale und längliche, bald weniger
regelmässige Gestalt und die allerverschiedensten Grössen. Die grössten,
2 Mm. im Durchmesser, kamen im membranösen Theile der Trachea zur
Beobachtung; auch wurden grosse Conglomeratknoten (Taf. III Fig. 2)
im knorpeligen Theile, und zwar in dem an die Knorpelringe nach aussen
sich anschliessenden Bindegewebe, gefunden.

Die Tuberkel sind bald frisch, bald älteren Datums mit eben erst
beginnender centraler Verfettung oder bereits so starke Verkäsung zeigend,
dass nur noch eine schmale cirkuläre Randzone die ursprüngliche Form
andeutet. In hochgradigen Fällen von tuberkulöser Infiltration findet sich
auch eine ausgebreitete Verkäsung des Gewebes um die Tuberkel herum;
solches kam mehrmals an der Epiglottis und in der pars membranacea
der Trachea zur Beobachtung. Die älteren Tuberkel finden sich meist
in den centralen Schleimhautpartien, die frischen Tuberkel bilden die
Randzonen. Riesenzellen wurden in der grossen Mehrzahl der Fälle
gefunden, meist 1—3. selten mehr, bald in der Mitte liegend, bald am
Rande, häufig fanden sich selbst noch wohlerhaltene Riesenzellen in solchen
Tuberkeln, deren übriger Inhalt bereits vollständig verkäst war.

Den Einfluss anlangend, den die tuberkulöse Infiltration auf die verschiedenen Bestandtheile der Kehlkopfs- und Trachealschleimhaut äussert,
so muss zunächst der Drüsen derselben gedacht werden.

Wagner hat zwar den Satz aufgestellt (*Arch. d. Heilk.* XII. p. 2),
dass „eine besondere Eigenthümlichkeit des Lymphadenoms der Luftwege
darin bestehe, dass die zahlreichen grossen Schleimdrüsen dieser Theile
selbst da, wo jene Neubildung die Mucosa und Submucosa vollständig einnimmt, sowohl in ihren Ausführungsgängen als in ihren Acini wohl erhalten oder nur in mässigem Grade erweitert seien." Wir haben diesen
Satz jedoch bezüglich der Larynx- und Tracheal-Schleimhaut nur theilweise

bestätigt und sehr bemerkenswerthe Veränderungen an den Drüsen daselbst gefunden.

Es erkranken nämlich diese Drüsen nicht allein nur sekundär durch Uebergreifen des tuberkulösen Processes auf ihr Gewebe, sondern auch selbstständig auf Grund eines in ihrem Innern sich entwickelnden primär-entzündlichen Vorganges (Taf. IV, Fig. 1a, 1b, 3a und Taf. I, Fig. 4).

Bekanntlich liegen unter normalen Verhältnissen die einzelnen Drüsen-acini wie Beeren einer Traube Rand an Rand und dicht aneinander ge-drängt in grösseren oder kleineren von einer deutlichen Kapsel umschlossenen Gruppen von 10—20—50 Stück und darüber zusammen, und zeigen sich in den zwischen den Acinis etwa bleibenden schmalen mit Bindegewebe ausgefüllten Lücken in der Regel nur spärliche Rundzellen. Die Acini selbst sind fast durchaus von kreisrunder Gestalt und annähernd gleicher Grösse.

Bei der betreffenden primären Erkrankung der Drüsen lassen sich nun zwei verschiedene Processe, ein interacinöser und ein intraacinöser, welche parallel neben einander verlaufen und sich gegenseitig ergänzen, unter-scheiden. Der erstere charakterisirt sich durch eine beträchtliche Zu-nahme der in dem Bindegewebe zwischen den Acinis liegenden Rundzellen, der zweite durch einen allmählichen Zerfall bis zu gänzlichem Schwund der Acini selbst. Durch die zunehmende Anfüllung der zwischen ihnen liegenden Räume mit Rundzellen werden die Acini aus-einander gedrängt und theilweise zusammengedrückt; gleichzeitig beginnen die die membrana propria von Innen auskleidenden Drüsenzellen an ein-zelnen Stellen sich loszustossen und unterzugehen, was zur Folge hat, dass die membrana propria an den betreffenden Stellen einsinkt und nun um so leichter dem von Aussen auf sie wirkenden Druck nachgiebt. Hierdurch verlieren die Acini allmählich ihre Rundung und erhalten die verschieden-artigsten Formen und Gestalten (ovale, cylindrische, Bisquitform etc.), Taf. IV, Fig. 1a, bis endlich durch Fortschreiten des Zerfalls der Drüsen-zellen im Innern der Acini und durch Zunahme der Zellenanhäufung um sie herum vollständige Zerstörung und Schwund einer Anzahl der-selben eintritt. In solchen Fällen sieht man dann in einem von einer bindegewebigen Kapsel umschlossenen Raume, der ursprünglich vielleicht mit 20—30 Acinis erfüllt gewesen sein mochte, nur noch 4—6 unregel-mässig gestaltete Acini oder Rester solcher liegen eingebettet in eine dichte, kleinzellige Infiltration (Taf. IV, Fig. 1b u. c). Zuletzt wird auch die Kapsel zerstört, die jede Acinus-Gruppe umgiebt und innerhalb der die beschriebenen Processe sich bis jetzt entwickelt hatten, und nun begegnet man nur noch ganz isolirt liegenden, meist halb zerstörten, selten wohl er-haltenen Acinis oder Theilen ihrer Ausführungsgänge inmitten der tuberkulösen Infiltration. Am längsten resistenzfähig sind die grösseren Drüsen-Ausführungsgänge: sehr häufig sieht man Längs- oder Querschnitte derselben mit normal weitem Lumen, gut erhaltenem Cylinder-Epithel und intacten äusseren Wandungen mitten in tuberkulös-infiltrirtem Gewebe, und nicht selten kann man vollständig erhaltene in der Längsaxe getroffene Ausführungsgänge von dem tief in der subepithelialen Schicht befindlichen Drüsenhaufen an verfolgen durch den tuberkulösen Grund eines Schleimhautgeschwüres hindurch bis zur Oberfläche desselben, wo sie mit breiter Oeffnung münden. Hier und da sieht man auch eine wurstförmige Erweiterung der Ausführungsgänge. Um Querschnitte von Ausführungsgängen herum sieht man dagegen regelmässig eine stärkere oder geringere cirkuläre Anhäufung von Rundzellen: häufig umgiebt sie jedoch auch ein Kranz echter Tuberkelzellen eingebettet in ein grobfaseriges Reticulum.

Die soeben geschilderten hochgradigen Veränderungen der Drüsen pflegen allerdings nur bei gleichzeitiger hochgradiger tuberkulöser Infiltration vorzukommen: ganz unverändert sind die Drüsen jedoch niemals, zeigen vielmehr immer wenigstens die Anfänge der oben geschilderten Processe, und diese insbesondere nicht nur erst bei tuberkulöser Infiltration, sondern bereits dann, wenn nur einzelne Tuberkelablagerungen in der Nähe stattgefunden haben oder eben erst beginnende tuberkulöse Geschwüre vorhanden sind.

Greift der tuberkulöse Process selbst auf das Drüsengewebe über, Taf. IV, Fig. 3a, dann wird zunächst die bindegewebige Kapsel des Drüsenacinus zerstört und die weitere Zerstörung ihres Inhalts schreitet um so rascher vorwärts, je mehr derselben bereits durch den vorausgegangenen intracapsulären Entzündungsprocess vorgearbeitet war. Unaufhaltsam wuchert jetzt eine diffuse tuberkulöse Infiltration zwischen die Acini hinein, sie auseinanderdrängend, zusammendrückend und mitfortschwemmend und bald deuten nur noch spärliche Trümmer von Acinis an, was an der betreffenden Stelle ursprünglich vorhanden war. Auf diese Weise gelingt es der tuberkulösen Infiltration sehr schnell, in grosse Tiefen zu dringen und insbesondere auch bald bis zu den Knorpeln zu kommen, welche häufig an der Epiglottis und den cart. arytaen. fast ringsum, an den Tracheal-Knorpeln wenigstens von beiden Seiten her, von einer Drüsenlage geschützt erscheinen. Endlich kommen aber auch, wenn schon selten, echte miliare Tuberkel mit Riesenzellen innerhalb der wohlerhaltenen Drüsenkapsel und an Stelle eines Theils des Inhalts vor, ohne dass man den Weg erkennen kann, auf welchem sie dahinein gelangt sind. Solches liess sich an Drüsen der Trachealschleimhaut beobachten, Taf. IV, Fig. 2; an den Drüsen der Larynxschleimhaut habe ich es niemals gefunden. Man sieht dann entweder nur die der Schleimhautoberfläche zugekehrte Spitze einer Drüse oder die eine oder die andere Hälfte derselben oder eine Drüse in ihrer Totalität in einen Tuberkel umgewandelt. Im letzteren Falle beweisen einzelne Ueberreste von Acinis, die am Rande innerhalb der Drüsenkapsel gelagert, der Zerstörung noch entgangen sind, direct, dass vor dem Tuberkel Drüsensubstanz den Inhalt der Kapsel gebildet hat; andererseits ist der indirecte Beweis hierfür durch Betrachtung der anatomischen Verhältnisse an Parallelschnitten zu erbringen.

Von besonderem Interesse ist das Verhalten der Blutgefässe gegenüber der tuberkulösen Schleimhautinfiltration.

Bei mässigem Grade derselben findet man um Gefässdurchschnitte der verschiedensten Stärken herum eine mässig reichliche cirkuläre Anhäufung von Rundzellen, welche theils noch ausserhalb der Adventitia, zum grösseren Theile indessen bereits zwischen den Fasern derselben eingebettet liegen. Niemals fehlt dieselbe vollständig. Daneben trifft man hier und da Gefässdurchschnitte, welche die ersten Anfänge wirklicher Tuberkelbildung in ihrer Peripherie und zwar in Gestalt eines an Stelle der zerstörten Adventitia getretenen Ringes aus reticulirtem Gewebe zeigen. In Fällen hochgradiger tuberkulöser Infiltration und bei Anwesenheit zahlreicher Tuberkel sieht man sehr häufig Gefässdurchschnitte im Centrum oder in den peripherischen Theilen von vollständig ausgebildeten Tuberkeln liegen und zwar sowohl von kleinen frischeren, als auch von älteren bereits centrale Verkäsung zeigenden Tuberkeln. Immer ist in diesen Fällen die Adventitia vollständig zerstört, die Muscularis dagegen in der Regel wohl erhalten, ebenso wie die Intima, und nur in einem Falle konnte ich constatiren, wie auch jene im Centrum einzelner Tuberkel ihrer Hauptmasse nach in einen käsigen Ring umgewandelt war und nur noch einzelne schmale Fasern derselben und die Intima das Gefässlumen schützend umgaben. Bei demselben Falle sah ich mitten in einem Tuberkel als Rest eines grossen Gefässdurchschnittes nur noch ein halbmondförmiges Segment, gebildet durch ein Stück intacte Muscularis und die an sie von Innen und der gegenüberliegenden Seite her angepresste, in einen Knäuel zusammengeballte Intima. Alles Uebrige war in der tuberkulösen Umgebung spurlos untergegangen. Uebrigens wurde diese bedeutende Resistenzfähigkeit der Muskelschicht der Gefässwandung nur an Arterien beobachtet und wurden immer nur Arterienquerschnitte ziemlich erhalten im Centrum von Tuberkeln gefunden. Die Muscularis der Venen geht viel leichter und frühzeitiger zu Grunde und begegnet man häufig selbst grossen bis auf die ganz dünne Intima zerstörten Venendurchschnitten unmittelbar neben Arterien viel kleineren Kalibers aber mit ziemlich intacten Wandungen (Taf. III, Fig. 1 b). Natürlich erleidet durch Andrängen des umgebenden tuberkulösen Infiltrats gegen die

nachgebende Intima das Lumen der Venen die verschiedenartigsten Gestaltsveränderungen und Raumbeeinträchtigungen, die während des Lebens
der Fortbewegung des Blutes entschieden hinderlich sein müssen und so
erscheint der Einfluss der tuberkulösen Infiltration auf, einen grösseren Theil
des Blutgefässsystems der Larynxschleimhaut, ganz abgesehen von der
durch endliche Perforation der Intima drohenden Gefahr der Blutung, auch
bereits in einem früheren Stadium bedeutungsvoll. Erwähnt möge hier noch
werden, dass man ab und zu auch grossen Venendurchschnitten von ursprünglich längrunder Gestalt begegnet, deren Wandung nur von der einen
schmalen Seite her durch einen von aussen gegen dieselbe anwuchernden
und bis auf die Intima reichenden Tuberkel nach Innen vorgestülpt wird,
wodurch das Lumen nunmehr eine dreieckige Gestalt erhält; niemals
habe ich an Arteriendurchschnitten solch eine einseitige Compression
gesehen.

Die Capillargefässe scheinen im Allgemeinen die stärkere Resistenzfähigkeit mit den Arterien zu theilen. Man kann häufig in ganz dichter
Anhäufung von einzelnen Tuberkeln und diffuser Infiltration dünnere und
dickere Capillarstämme und -Stämmchen in ihrer Verästelung eine Strecke
weit verfolgen; sie erscheinen nicht comprimirt, die Endothelzellen unverändert, die Wandung von gewöhnlicher Stärke. Dergestalt sieht man ihre
Netze u. A. in jenen freien Zwischenraum eintreten, welcher bei tuberkulöser
Infiltration an der Epiglottis z. B. oder an den Taschenbändern zwischen
der unteren Grenze des Epithels und dem oberen Rande der von unten
nach oben vorrückenden tuberkulösen Infiltration nicht selten zu beobachten
ist. Desgleichen findet man sie in ausserordentlich reicher und feinster Verästelung und so strotzend und prall mit Blut gefüllt, als ob sie Injections-
masse enthielten, in manchen Fällen von Tuberkulose der Trachea und zwar
sowohl im cartilaginösen Theile in den obersten und mittleren Schichten
der Mucosa, als insbesondere auch in der einen weiten Spielraum gewährenden
pars membranacea. Hier sieht man sie zuweilen auch kranzförmig die
Peripherie frischerer oder älterer Tuberkel umgeben.

In seltenen Fällen endlich scheinen die Capillaren von einem idiopathi-
schen Erkrankungsprocesse befallen zu werden, wie in 2 Fällen von hochgradiger Betheiligung der tieferen Schichten des Stimmbandes an der tuberkulösen Infiltration constatirt werden konnte (Taf. II, Fig. 3). Auch hier
war ein dichtes Netz derselben zwischen der Musculatur, nach den Ge-
schwürsrändern hin aufsteigend, verbreitet; die Gefässwandungen erschienen
jedoch in diesen Fällen wenigstens um das Doppelte verdickt, das Lumen
verschmälert, die Endothelzellen wie gequollen und vermehrt.

Sehr bemerkenswerth waren weiter in einigen Fällen die Befunde an
der Musculatur der Stimmbänder einiger tuberkulöser Kehlköpfe, sowie

innerhalb der Muskulatur des membranösen Theiles der Trachea (Taf. II,
Fig. 1—6).

Wie oben schon bemerkt worden ist, kommt eine tuberkulöse Infiltration in dem Sinne, wie wir sie für die Epiglottis, die Taschenbänder, die
Plicae aryepiglottic. etc. beschrieben haben, eine Anhäufung von Tuberkeln
innerhalb einer diffusen tuberkulösen Infiltration, bereits in der Schleimhaut der Stimmbänder verhältnissmässig seltener vor. Tuberkel in den
tieferen Theilen und insbesondere zwischen und innerhalb der Muskulatur, sind aber ausserordentlich selten. In 2 Fällen konnten
indess solche beobachtet werden. In dem einen Falle befand sich am
freien Rande des Stimmbandes ein oberflächliches, aber in seinem Grunde
eine deutliche Zone reticulirten Gewebes und in seinen Rändern an manchen
Schnitten einen kleinen Tuberkel zeigendes Geschwür; die Muskulatur des
Stimmbandes war im Allgemeinen unverändert, aber senkrecht unterhalb
des Geschwüres, über 2 Mm. von seinem Grunde entfernt, lag ein ganz
frischer kleiner Tuberkel zwischen den Muskelbündeln, umschlossen von
einzelnen Muskelfasern, die er auseinander gedrängt hatte. In dem anderen
Falle waren die Veränderungen bedeutender. Zwischen den Querschnitten
der einzelnen Muskelbündel nicht nur, sondern auch innerhalb dieser,
zwischen den einzelnen Muskelfasern (Taf. II, Fig. 6), fand sich eine sehr
reichliche Ansammlung von Rundzellen, die an manchen Stellen so stark
war, dass die Continuität der Muskulatur vollständig aufgehoben und die
Neubildung fast als das Grundgewebe, die isolirten Muskelbündel aber als
Neubildung erscheinen konnten. Mitten darin zwischen dieser Infiltration
und in ziemlicher Entfernung vom ulcerirten und mit älteren Tuberkeln
garnirten Rande des Stimmbandes lagen einzelne frische Tuberkel umgeben
von Muskelfaserdurchschnitten (Fig. 4), die sie durch ihr Wachsthum auseinandergedrängt hatten; ein Tuberkel zeigte sogar in seinem Centrum
2—3 Querschnitte von Muskelfasern (Fig. 3 d), ein Beweis dafür, auf
welche Art die Tuberkelbildung innerhalb der Musculatur erfolgt und ein
Anhaltspunkt zu der Vermuthung, dass jene um die einzelnen Muskelfasern
herum gefundenen Rundzellen vielleicht die ersten Anfänge der Tuberkelbildung darstellen möchten. Zwischen dem Allen fand sich in diesem Falle
ein ausserordentlich reiches, weit verzweigtes Netz von Capillaren vor, die
jedoch die bereits oben beschriebenen Abnormitäten erkennen liessen.

Als Ergänzung zu diesen Bildern von querdurchschnittenen Mus-
keln dienen solche Stellen, welche quergestreifte Muskelfasern der Längsrichtung nach eine Strecke weit verfolgen lassen (Taf. II, Fig. 5). Isolirte
Fasern zeigen dann einen Anblick wie in Fig. 5. Eine an der anderen,
in regelmässiger Reihe, sieht man die Rundzellen längs dem Rande der
Muskelfaser liegen, sieht die Muskelkerne vermehrt, und zwischen den

Muskelfasern ausserdem zahlreiche isolirte Rundzellen und kann sich recht
wohl vorstellen, wie durch diesen Process die Muskelfaser in ihrer Function
beeinträchtigt werden muss und Störungen in der Leistungsfähigkeit des
ganzen betreffenden Muskels auch schon lange vorher eintreten können, ehe
es noch zu Ulceration oder Tuberkelabsetzung gekommen, wie an der Stimme
von Phthisikern häufig zu beobachten ist. Eine noch characteristischere Form
von Muskeltuberkulose boten Durchschnitte durch den membranösen Theil
der Trachea in einigen Fällen von hochgradiger tuberkulöser Infiltration
mit ausserordentlicher Zunahme des Dickendurchmessers derselben dar
(Taf. II, Fig. 1. 2). Ueberall zwischen den Muskelbündeln konnte man kleine
und grössere Tuberkel eingebettet liegen sehen mit äusserst zahlreichen
Riesenzellen. Die Muskulatur war in der mannigfachsten Weise ver-
schoben und auseinandergedrängt und hier und da zerstört, indem Tuberkel
die Stelle einnahmen, wo vorher ein Muskelbündel gelegen war und häufig
traf man auf Tuberkel, die noch in der einen oder anderen Ecke einen
Rest halbzerstörter Mukelfasern erkennen liessen. Von solchen deutlich
markirten Tuberkeln aus sah man in deren nächste Umgebung eine dichte
kleinzellige Infiltration gleichsam ausläuferartig zwischen und in die benachbarten Muskelbündel- und Fasern sich hineinschlängeln, wodurch ähnliche
Bilder entstanden, wie sie oben am Stimmbande beschrieben worden.

Fränkel[1] untersuchte, veranlasst durch die Beobachtung, „dass man
heiseren Phthisikern begegnet, bei denen weder die laryngoskopische Beobachtung intra vitam noch auch die directe Besichtigung des Laryaxinneren
post mortem palpable Veränderung an den Stimmbändern ergiebt,‟ die
Muskulatur von 12 Kehlköpfen, welche theils anscheinend völlig intact waren,
theils Geschwürsprocesse zeigten, an Zerzupfungspraeparaten und gehärteten
Querschnitten und fand „bestimmte, constant zu beobachtende Veränderungen‟
an der contractilen Substanz, dem Perimysium internum und
den Muskelkörperchen, welche sich im Allgemeinen als Atrophie mit
theilweiser fettiger Entartung charakterisirten. An den Muskelkörperchen
beobachtete er entwede Zunahme an Grösse oder an Zahl in ein und
derselben Mukelfaser: die von ihm beschriebenen Veränderungen sollen
übrigens alle Kehlkopfmuskeln in gleicher Weise befallen. — Es wird
abzuwarten sein, ob weitere Untersuchungen die Häufigkeit dieser Processe
bestätigen: jedenfalls dürften aber schon die von mir in mehreren Fällen gefundenen und soeben beschriebenen hochgradigen Veränderungen tuberkulöser
Natur innerhalb der Stimmbandmuskulatur genügen, um eine ganze Reihe von
Stimmstörungen bei Phthisikern zu erklären, ehe es zur Ulceration gekommen ist.

---

[1] Fränkel, Ueber pathol. Veränderungen d. Kehlkopfmuskulatur bei Phthisikern.
Virchow's *Archiv*. 71. 3. 1877.

Das Knorpelgerüst des Kehlkopfs und der Trachea zeigt sich bei Tuberkulose der Schleimhaut in mehrfacher Weise mit-afficirt und zwar sowohl das Perichondrium als die Knorpelsubstanz selbst. Die Perichondritis characterisirt sich durch Auftreten zahlreicher Eiterzellen zwischen den Fasern des Perichondriums, welches so reichlich erfolgen kann, dass von der Structur der Knorpelhülle überhaupt nichts mehr zu sehen und der Knorpel, statt in dieser, eingebettet ist in eine mehr oder weniger breite Zone eiteriger Infiltration, welche ihn von allen Seiten umgiebt und seine Verbindungen mit dem umgebenden Gewebe allmälig lockert und zerstört. Der Knorpel selbst erkrankt durch Uebergreifen der eiterigen Infiltration vom Perichondrium auf seine Substanz, und besteht diese Chondritis einerseits an den hyalinen Knorpeln in einer feinkörnigen Trübung der Intercellular-Grundsubstanz mit Erweichung, fettiger Entartung und Zerfall derselben, andererseits an den elastischen Knorpeln in einer eiterigen Infiltration des die Knorpelkörperchen umschliessenden Netzwerks elastischer Fasern mit denselben consecutiven Veränderungen. Hier wie dort verlieren auf diese Weise die Knorpelkörperchen ihren Zusammenhalt und gehen schliesslich ebenfalls durch fettige Entartung zu Grunde. Wie es in Folge hochgradiger Perichondritis zu einer vollständigen Loslösung der Knorpel aus ihrer Umgebung kommen und man z. B. die cartil. arytaenoideae nicht selten vollkommen frei mit eiterig zerstörter Peripherie in einer Eiterhöhle liegend finden kann, aus welcher sie gelegentlich mit expectorirt werden, und wie man andererseits ganzen Trachealringen, ringsum vom Gewebe entblösst, im Dickendurchmesser zur Hälfte zerstört und an den Enden eiterig angefressen im Grunde von Geschwüren begegnet, ist schon oben erwähnt worden und braucht hier nicht nochmals beschrieben zu werden. An der Epiglottis kam eiterige Zerstörung nur an dem oberen freien Rande zur Beobachtung und scheinen die Faserknorpel überhaupt eine grössere Resistenzfähigkeit gegen die eiterige Auflösung zu besitzen.

Die Perichondritis tritt immer erst dann auf, wenn sich der tuberkulöse Process dem Knorpel nähert oder das Perichondrium erreicht hat. Bei unzweifelhaft nicht-tuberkulösen Geschwüren wurde Perichondritis niemals beobachtet, ebenso wenig wie eiterige Zerstörungen am Knorpel selbst: insbesondere war Keines von Beiden jemals nachweisbar in der Trachea, selbst bei ausgebreitetsten Ulcerationen, ausser bei gleichzeitiger Anwesenheit von Tuberkeln daselbst. Im Larynx fand sich Perichondritis nur in einem einzigen Falle neben einer Ulceration, als deren Veranlassung Tuberkel selbst wenigstens nicht zweifellos nachweisbar waren: doch war diese Ulceration offenbar schon ziemlich alten Datums, zeigte übrigens in ihrem Grunde eine reichliche Ansammlung von Rundzellen und könnte immerhin, insbesondere auch nach ihrem Sitze (Spitze der Epiglottis) und ihrem übrigen Aussehen einem anderen, z. B. syphilitischen Processe, ihren Ursprung zu verdanken gehabt haben.

Manchmal ist die Erkrankung des Perichondriums nur auf eine kleine Stelle beschränkt, manchmal nur die eine Fläche des Knorpels befallen, die andere aber intact: immer sind jedoch dann die intacten Stellen diejenigen, in deren Nähe der tuberkulöse Process noch nicht vorgedrungen ist. Perichondritis und Chondritis halten übrigens durchaus nicht gleichen Schritt mit dem Grade und der Intensität des tuberkulösen Processes überhaupt. Insbesondere muss dem widersprochen werden, als ob aus den enormen Anschwellungen, welche, wie wir oben gezeigt haben, die echte tuberkulöse Infiltration der Schleimhaut an der Epiglottis und den Aryknorpeln z. B. characterisiren, und zu so bedeutenden Formveränderungen dieser Theile Anlass geben, ohne Weiteres, wie so häufig geschieht, auf Perichondritis an den betreffenden Knorpeln geschlossen werden könne. Im Gegentheil ist in der Regel in diesen Fällen eine Perichondritis überhaupt noch nicht vorhanden: denn die tuberkulöse Infiltration befindet sich ja, wie gezeigt worden ist, meist in den oberen Partien der Mucosa, nicht aber bereits in der Nähe des Knorpels: jene characteristischen Anschwellungen können demnach ohne vorhergegangene mikroskopische Untersuchung überhaupt nicht, intra vitam also niemals kurzweg als durch Perichondritis bedingt, können vielmehr immer nur zunächst als Tuberkulose der Schleimhaut gedeutet werden. Ich halte für nothwendig, dies hier besonders zu betonen, weil auch in dem kürzlich erschienenen [1] Burow'schen „laryngoskopischen Atlas" einigen diesen Gegenstand betreffenden Bildern von dem Verfasser obige fälschliche Deutung gegeben worden ist. Erwähnt möge schliesslich noch werden, dass in einzelnen Fällen von hochgradiger tuberkulöser Zerstörung mit Knorpelnekrose in der Trachea Durchschnitte von Knorpelringen neben partieller Zerstörung an dem äusseren Umfange des Knorpels auch central eine Zerstörung der Knorpelsubstanz zeigten, indem an deren Stelle unregelmässig gestaltete, Sequestern ähnliche, übereinandergeschichtete Plättchen lagen, die bräunlichgelblich gefärbt waren und die Haematoxylin-Färbung nicht annahmen.

2) Das tuberkulöse Geschwür (Taf. I, Figg. 2*a*, 3, 1; Taf. III, Fig. 4) der Kehlkopf- und Luftröhrenschleimhaut ist in der überwiegenden Mehrzahl der Fälle characterisirt durch Anwesenheit von Tuberkeln in den Rändern oder dem Grunde des Geschwürs, oder in Ersteren oder Letzterem allein. In dieser Form kommt es vor bei gleichzeitig bestehender tuberkulöser Infiltration der gesammten Schleimhaut oder des betreffenden

---

[1] Stuttgart 1877.

Schleimhautstücks oder auch ohne solche und ohne dass die Schleimhaut an den nicht geschwürigen Stellen und selbst in nächster Nähe des Geschwürs in besonderem Grade verändert ist.

Zu den tuberkulösen Geschwüren müssen weiter auch solche gerechnet werden, in deren Grunde oder Rändern, wenn auch nicht mehr wohlcharacterisirte Tuberkel, so doch aber freiliegende oder in diffus-infiltrirtes und reticulirtes Gewebe eingebettete Riesenzellen oder auch letztere allein angetroffen werden.

Und endlich zählen wir noch hierher Geschwüre, welche zwar an sich selbst Hauptmerkmale des tuberkulösen Ursprungs nicht mehr erkennen lassen, dafür aber in nächster oder weiterer Entfernung, an ein und demselben Schnitte, unzweifelhafte Tuberkelablagerung und gleichzeitig solche Veränderungen daselbst zeigen, welche als Vorbereitung oder erstes Stadium der Geschwürsbildung gedeutet werden müssen; denn aus solchen Bildern glauben wir schliessen zu dürfen, dass auch an der Stelle, an welcher sich das Geschwür bereits befindet, ehe es zu dessen Bildung kam, eine ähnliche Ablagerung vorhanden gewesen ist, welche auf demselben Wege wie dort, allmälig zur Ulceration Veranlassung gegeben hat: mit Fortschreiten des Ulcerationsprocesses und Losstossung der Tuberkel und des erkrankten Gewebes aus Grund und Rändern war indessen auch das Hauptcharacteristische des tuberkulösen Geschwürs verloren gegangen und nur ein anscheinend gewöhnlicher Substanzverlust zurück geblieben.

Allen Formen von tuberkulösen Geschwüren ist eigenthümlich eine in manchen Fällen ganz ausserordentlich stark ausgeprägte Wucherung des Epithels an den Rändern der Geschwürsfläche (Taf. I, Fig. 3 f): je näher dem Rande, desto breiter und tiefer werden die Zacken, die es in die Mucosa hineinsendet und haben wir nach dieser Richtung hin die Beobachtungen Wahlberg's (l. c.) nur bestätigt gefunden.

Das tuberkulöse Geschwür mit Tuberkeln in Grund und Rändern (Taf. I, Fig. 2 a) oder in einem von beiden, ist, wie schon bemerkt, diejenige Form, welche am häufigsten zur Beobachtung kommt: sie fand sich im Larynx in 28 von 39 Fällen von tuberkulöser Ulceration, also bei 71,8 %. Die Art und Weise, wie es zu Stande kömmt, ist dieselbe, mag es auftreten bei gleichzeitiger allgemeiner tuberkulöser Infiltration der gesammten Schleimhaut oder eines Theils derselben, oder mag es hervorgehen aus einer auf eine kleine Stelle beschränkten Tuberkelablagerung innerhalb einer im Uebrigen nicht erkrankten Umgebung. Der Ulcerationsprocess beginnt, ohne dass es zu einer merklichen Erhebung der über dem Tuberkel gelagerten Epitheldecke zu kommen braucht oder kömmt, in dem Momente, in welchem die tuberkulöse Infiltration bez. der Tuberkel die unterste Grenze der Epithelschicht erreicht hat. Auf diese erfolgt nun, bei allgemeiner tuberkulöser

Infiltration bedingt durch Neuablagerungen von Tuberkeln und deren
Nachrücken: bei in der Umgebung noch intacter Schleimhaut schon
durch den Tuberkel selbst, welcher innerhalb der durch Infiltration noch
nicht ausgedehnten Umgebung nicht Platz hat, ein Druck, welcher einestheils bewirkt, dass die oberflächlichste und äusserste Epithellage einreisst,
sich gewissermassen auffasert, anderentheils, dass die Epithelien der untersten
Schichten allmälig auseinanderweichen und Tuberkelzellen zwischen sich
durchtreten lassen. So entsteht ein Spalt, der einmal durch die ganze Epithelschicht hindurch gedrungen, sich schnell zu einer trichterförmigen Oeffnung
erweitert und durch nun beginnende Losstossung von Tuberkeln, tuberkulös-
infiltrirten Gewebstheilen etc., unaufhaltsam in Geschwürs-Flächen und
Formen von der verschiedenartigsten Gestalt sich verwandelt.

Der Zerfall schreitet schnell vorwärts und die Ulcerationen gewinnen
bald eine grosse Ausdehnung nach Breite und Tiefe bei tuberkulöser Infiltration der Schleimhaut und so lange Geschwürs-Boden und -Ränder noch
innerhalb derselben liegen; grosse aus 4—6—10 einzelnen Tuberkeln
bestehende Conglomerate sieht man dann häufig in toto sich aus den Rändern lösen (Taf. III, Fig. 4), während ebensolche Massen untermengt mit
Gewebsfetzen, welche nicht selten halbzerstörte Drüsenacini und Reste von
Drüsenausführungsgängen einschliessen, aus der Tiefe des Geschwürs abgestossen worden. Anders in den Fällen, wo die Infiltration der Schleimhaut
fehlt, wo die Tuberkel ganz vereinzelt in der Mucosa in deren oberster
Schicht dicht unter dem Epithel auftreten. Früher oder später entsteht
zwar auch hier ein Geschwür, mag auch nur ein einziger Tuberkel an der
betreffenden Stelle liegen. Hat derselbe aber einmal sich losgestossen, dann
kann an seiner Statt ein durchaus uncharakteristischer Substanzverlust
verbleiben, der einen Schluss auf die Natur des daselbst vorhanden gewesenen Geschwürs an und für sich um so weniger gestattet, als es mit tieferen Zerstörungen in der Regel zunächst nicht verknüpft zu sein pflegt,
der Ulcerationsprocess an der betreffenden Stelle mit der Ausstossung des
Tuberkels, bez. der erkrankten Gewebspartie, vielmehr beendet sein kann.
Erst wenn diese vereinzelten Tuberkelablagerungen häufiger auftreten oder
wenn gleichzeitig auch Tuberkel in den tieferen Partien der Mucosa abgesetzt werden, kommt es auch zu ähnlichen Zerstörungen wie in Folge
der ersterwähnten Geschwüre. Der Prädilectionsort für diese Einzelablagerung von Tuberkeln ist das Taschenband, insbesondere die das Dach des
Ventrikels bildende untere Fläche, manchmal auch der freie Rand desselben,
sowie die Schleimhaut des Ventrikelbodens in ziemlicher Entfernung vom
freien Stimmbandrande, tief im Blindsack drinnen. Man sieht, dass dies
Orte sind, an welchen die Schleimhaut vorwiegend locker angeheftet und
leicht verschieb- und ausdehnbar ist; hier finden sich einzelne Tuberkel

dicht unter dem Epithel liegend, welches vollständig erhalten sein kann, insbesondere neben Ulcerationen oberflächlichster Art an den Rändern oder auf der Fläche der Stimmbänder, und es scheint dann eben die Annahme berechtigt, dass letzteren Ulcerationen eine eben solche einzelne Tuberkelablagerung vorangegangen ist und sie bedingt hat. Diese Annahme wird wesentlich gestützt und zur Gewissheit erhoben durch Bilder, wie sie uns ein glücklicher Durchschnitt durch Stimmband und Ventrikel eines an ersterem nur eine flache Ulceration zeigenden Kehlkopfs geliefert hat (Taf. I, Fig. 1; Fig. 5a, 5b). Denn wir können hier an einer Reihe von Schnitten verfolgen, wie ursprünglich auch an dem Stimmbande an derselben Stelle ein Tuberkel gesessen hat (s. Fig. 1c), an der auf weiteren Schnitten nur noch ein Substanzverlust mit einer mässigen und a priori nicht als specifisch zu betrachtenden Ansammlung von Rundzellen sich zeigt; der Tuberkel an der nach dem Ventrikel zu verlaufenden Stimmbandoberfläche ist jedoch in allen Bildern unverändert im Gleichen. Auch in den Fällen, in welchen die Einzelablagerung von Tuberkeln in grösserer Zahl stattfindet, sind es vor Allem die Taschenbänder und Ventrikel, längs deren Rändern man auf senkrechten Schnitten durch die Glottisebene die Tuberkel einen neben dem andern liegen sieht; sie bilden hier oft eine bereits makroskopisch an den Schnitten sichtbare, mit den Rändern vollständig parallel verlaufende compacte Borde, deren Continuität nur hier und da durch einen durch sie hindurchtretenden Drüsenausführungsgang unterbrochen wird (Taf. I, Fig. 3d). An der Epiglottis wurden solche einzelne Tuberkel niemals gesehen, an den freien Rändern der Stimmbänder auch nur in einem Falle, dagegen mehrmals wieder an der unteren Stimmbandfläche; im Ganzen fanden sie sich in 9 verschiedenen Fällen, von denen bei 6 flache Substanzverluste an den Stimmbändern vorhanden waren und zwar 2 Mal tuberkulöser, 4 Mal nicht nachweislich tuberkulöser Natur. Geschwüre, die sich als tuberkulöse nur durch die in ihrem Grunde oder Rändern vorhandenen Riesenzellen, bez. die reticulirte Beschaffenheit des Gewebes daselbst erwiesen, sind nur in 2 Fällen beobachtet worden.

Die tuberkulösen Ulcerationen der Tracheal-Schleimhaut kommen vor entweder vereinzelt stehend und in geringer Anzahl, sind dann aber in der Regel gross, kreisrund, sehr tief und von Knorpelnekrose begleitet und sitzen mit Vorliebe an der Grenze des knorpeligen und membranösen Theiles. Hierher gehört $\frac{1}{3}$ aller Fälle von Tuberkulose der Trachea. Oder aber sie sind ausserordentlich zahlreich, bilden grosse confluirende Geschwürsflächen mit sehr starker Hyperaemie und häufig auch Haemorrhagie in der Umgebung und zeigen ebenfalls fast constant Knorpelnekrose und Knorpelvereiterung an den am tiefsten exulcerirten Stellen: diese Form fand sich in $\frac{2}{3}$ aller Fälle. Ihrer mikroskopischen Beschaffenheit nach ge-

hören die einzeln vorkommenden Trachealgeschwüre zu jener für das
tuberkulöse Geschwür der Respirationsschleimhaut typischen Form, welche
sich durch Anwesenheit echter Tuberkeln in Rändern und Grund des Geschwürs characterisirt; bei den diffusen über eine grössere Fläche ausgebreiteten Ulcerationen der zweiten Gattung hält es dagegen schwerer,
jenen Typus herauszufinden und zeigen Durchschnitte durch derartige exulcerirte Flächen auch mehr den Character der diffusen tuberkulösen Infiltration, untermengt mit vereinzelten Tuberkeln und freiliegenden Riesenzellen.

3) Die nichttuberkulösen Geschwüre des Larynx anlangend, so ist
über Häufigkeit, Sitz und makroskopische Beschaffenheit derselben bereits
oben das Nöthige erwähnt worden. Ich möchte hier jedoch nochmals besonders darauf aufmerksam machen, dass diese Ulcerationen einerseits fast
durchgängig sehr oberflächlich sassen und stellenweise thatsächlich nur als
Erosionen bezeichnet werden konnten, andererseits in allen Fällen an den
Stimmbändern und nur 2 Mal ausser hier, noch an einer anderen Stelle
des Larynx gefunden wurden. Aus ersterem kann geschlossen werden:
entweder, dass bei der Lungenphthisis auch Larynxulcerationen nicht-
tuberkulöser Natur vorkommen (diese Möglichkeit ist a priori nicht zu
bestreiten, weil man ja selbst für einen tuberkulösen Larynx den absoluten
Nachweis nicht führen kann, dass nun auch jede Ulceration, die in demselben vorkommt, durch Tuberkel veranlasst sein müsse); oder aber, dass
Ulcerationen vorkommen, welche ursprünglich nicht durch Tuberkel
veranlasst, erst im weiteren Verlaufe der Lungenphthisis durch Ablagerung von Tuberkeln in ihrer Nähe den tuberkulösen Character annehmen
und dass der betreffende Phthisiker eben gestorben ist, bevor letzteres
geschehen war oder geschehen konnte. Endlich könnte man aber auch den
negativen Befund bezüglich der Tuberkel damit zu erklären versuchen, dass
die Geschwüre in einem Stadium zur Untersuchung gekommen seien, in
welchem, wie ja nachweislich vorkömmt, der Tuberkel gerade losgestossen
worden und es zu einer neuen Absetzung noch nicht wieder gekommen war:
diese Ansicht würde in dem vorwiegenden Sitze der betreffenden Geschwüre
an den Stimmbändern und in der Erwägung eine Unterstützung finden,
dass wohlcharacterisirte tuberkulöse Geschwüre an den Stimmbändern überhaupt sehr selten zu beobachten sind, offenbar weil in Folge der fortwährenden
Muskelthätigkeit derselben die Tuberkel schneller abgestossen und wegen
der Unnachgiebigkeit der Schleimhaut weniger häufig und weniger leicht
abgesetzt werden können, als wie an anderen Stellen. Dagegen würde
jedoch sprechen: einmal das Fehlen jeglicher tuberkulöser Eruption in der
Nachbarschaft dieser Ulcerationen in der Weise, wie wir sie soeben für eine
gewisse Art der tuberkulösen Geschwüre beschrieben haben, und fehlte hier-

mit ein Moment, welches man, sicher mit Recht, als Unterpfand für den tuberkulösen Ursprung der fraglichen Ulcerationen betrachten darf; dagegen würde ferner sprechen der mikroskopische Anblick der Geschwüre selbst und ihrer Umgebung, insbesondere der hier liegenden Drüsenhaufen, welche Abweichungen von dem normalen Aussehen nicht zu zeigen pflegen, Abweichungen, welche neben Geschwüren tuberkulösen Ursprungs niemals fehlen und der Hauptsache nach in einer mehr oder weniger starken Vermehrung der Rundzellen innerhalb des interacinösen Bindegewebes bestehen.

Ich möchte auf Grund meiner Untersuchungen mich daher zwar für die Möglichkeit des Vorkommens auch nicht-tuberkulöser Geschwüre im Larynx bei gleichzeitiger Lungenphthisis aussprechen, betrachte dieselben jedoch als rein zufällige und bedeutungslose Befunde, wie sie eben im Verlaufe jedes Larynxcatarrhs auch während des Lebens auftreten können, und bestreite insbesondere jeglichen actiologischen Zusammenhang derselben mit den ausgebreiteten Zerstörungen des Larynx, welche man unter dem Namen der Kehlkopfsschwindsucht bisher zusammenzufassen pflegte, denn diese werden einzig und allein hervorgerufen durch die Tuberkulose der Kehlkopfschleimhaut.

Letztere Sätze gelten mutatis mutandis durchaus auch für die nicht-tuberkulösen Trachealgeschwüre. Wie erwähnt, wurden solche nur in 8 von 26 Fällen von Trachealulcerationen überhaupt beobachtet. Durchweg waren sie oberflächlich, klein, flach, zuweilen reichlich, zuweilen spärlich vorhanden; niemals fanden sich jedoch neben denselben Zerstörungen an den Knorpeln oder tiefergehende Verschwärungen überhaupt, und niemals kamen nicht-tuberkulöse Geschwüre vor in Gestalt jener isolirt stehenden, grösseren und tiefen rundlich eingefressenen Substanzverluste, wie sie die eine Art von tuberkulösen Geschwüren der Trachea zeigt und wie sie als charakteristich für Tuberkulose und schon makroskopisch die Diagnose derselben gestattend, demnach zu betrachten sind. Wir müssen daher auch den nicht-tuberkulösen Trachealulcerationen, ebenso wie den nicht-tuberkulösen Larynxulcerationen, jeglichen Einfluss absprechen auf das Zustandekommen jener hochgradigen Zerstörungen, welche in vielen Fällen von Lungenphthisis in der Trachea gefunden werden, und halten es Angesichts dieser aus unseren Untersuchungen sich ergebenden Thatsache allerdings für nicht angezeigt, die mikroskopischen Details der Entstehung und des Wesens dieser für die vorliegende Frage als unwesentlich erkannten Ulcerationen ausführlich zu entwickeln. Jedenfalls haben die neben Lungenphthisis vorkommenden nicht-tuberkulösen Trachealulcerationen eben nichts Specifisches an sich und unterscheiden sich in nichts Wesentlichem von anderweiten im Gefolge von Catarrhen daselbst auftretenden

Ulcerationen; man ist daher ebensowenig berechtigt, neben tuberkulösen
Ulcerationen fernerhin noch von solchen zu reden, die ihre Entstehung einer
„specifischen Zellen- und Kerninfiltration" verdanken, wie es nothwendig
ist, die Categorie: „follikuläre und aphthöse Geschwüre" aufzustellen und
aufrechtzuerhalten. Dass Geschwüre von den Schleimdrüsenmündungen aus-
gehen können und auszugehen pflegen, soll nicht bestritten werden; Antheil
und Veranlassung an und zu dem mit dem Namen Luftröhrenschwindsucht
zu bezeichnenden Processe haben und geben jedoch diese Art von Ulcerationen niemals. —

Aetiologie und Pathogenese.

Auf Grund der Ergebnisse der in Vorstehendem mitgetheilten Zusammenstellungen und pathologisch-anatomischen Untersuchungen und in Rücksicht auf die in der Einleitung aufgeführten theils zur Zeit noch geltenden älteren, theils neuerlich ausgesprochenen Ansichten müssen wir bezüglich der Aetiologie und Pathogenese der Kehlkopfschwindsucht folgende Sätze aufstellen:

Die sogenannte Kehlkopfs- und Luftröhrenschwindsucht wird nur hervorgerufen durch die **Tuberkulose** der Kehlkopfs- und Luftröhrenschleimhaut.

Ulcerationen in Kehlkopf und Luftröhre ohne gleichzeitige oder nachfolgende Tuberkulose der Schleimhaut führen niemals zur Kehlkopfsschwindsucht, ebensowenig wie Vereiterungen innerhalb der Schleimdrüsen allein, und dürfen demnach weder letztere noch erstere mit jenem Namen bezeichnet werden. —

Die Richtigkeit dieser Sätze ergiebt sich ohne Weiteres aus den oben mitgetheilten Resultaten der mikroskopischen Untersuchung. In allen Fällen von irgendwie erheblicher Zerstörung in Larynx und Trachea konnten Tuberkel als Ursache nachgewiesen werden: Ulcerationen, an oder nächst denen Tuberkel nicht gefunden wurden, waren entweder ganz frisch, klein und oberflächlich, wie man sie bei hochgradigen Catarrhen auch intra vitam beobachten und heilen sehen kann oder kamen, wenn tiefer, nur ganz vereinzelt im Larynx und Trachea vor, zeigten dann aber immer im Uebrigen derartige Beschaffenheit, dass man recht wohl glauben konnte, es möchten Tuberkel auch für sie die ursprüngliche Veranlassung gegeben haben und nur zur Zeit der Untersuchung nicht mehr nachweisbar gewesen sein. Hochgradige Zerstörungen, ausgehend von einer primären Erkrankung der Schleimdrüsen, ohne gleichzeitige Anwesenheit von Tuberkeln,

haben wir weder in der Trachea noch auch insbesondere im Larynx
jemals beobachten können. Hiermit erledigen sich die Angaben derjenigen,
welche wie Louis, Rheiner, Toulmouche, Rühle und Rindfleisch,
das Vorkommen von Tuberkeln in Larynx und Trachea theils überhaupt
in Abrede stellen, theils für bedeutungslos bezüglich der Entstehung der
Kehlkopfsschwindsucht erklären (Rindfleisch), theils als selten bezeichnet
haben (Wunderlich, Colberg, Türck, R. Meyer, Schech). Es werden
aber auch die Ausführungen solcher Autoren hinfällig, welche den Ursprung
der Kehlkopfsschwindsucht immer oder doch häufig in den Schleimdrüsen
gefunden haben wollen (Andral, Albers, Hasse, Colberg, Rindfleisch).
Bezüglich der älteren Autoren ist es ja erklärlich, wenn sie die Kehlkopftuberkel entweder ganz leugnen, oder, wie einige offenbar gethan, mit
stagnirendem Drüsensecrete identificiren, und nun auch die Drüsenver-
eiterung mit der späteren Zerstörung auf den Schleimhäuten in kausalen
Zusammenhang gebracht haben. Es fehlten ihnen eben die jetzigen Unter-
suchungsmittel, insbesondere mikroskopische Untersuchungen: und nur mit
Hülfe dieser lässt sich in allen Fällen zweifellos entscheiden, ob
Tuberkulose vorhanden oder nicht: wie aber in der neueren und neuesten
Literatur die Seltenheit oder gar das Nichtvorkommen von Tuberkeln
in Larynx und Trachea immer und immer wieder behauptet und der
Schleimdrüsenvereiterung im Gefolge catarrhalischer Processe der Haupt-
antheil und die Hauptveranlassung zur Kehlkopfsschwindsucht zu-
geschoben werden kann, ist eigentlich schwer begreiflich und kann nur
damit erklärt werden, dass umfassende Untersuchungen mit Hülfe des
Mikroskops an einer grösseren Anzahl von Objecten auch von den betreffenden neueren Autoren nicht ausgeführt worden sind. Diese Behauptung muss insbesondere der sehr eingehenden und anscheinend auf ge-
nauen eigenen Beobachtungen beruhenden Schilderung des Ulcerationsprocesses
auf Laryngeal- und Bronchialschleimhaut gegenüber, welche Rindfleisch
giebt (l. c.), aufrecht erhalten werden, umsomehr, als aus Rindfleisch's
ganzer Darstellung in zweifelloser Weise hervorgeht, dass er vorwiegend,
wenn nicht ausschliesslich nur, Trachealschleimhaut untersucht,
seiner Beschreibung zu Grunde gelegt und die dort in einzelnen
Fällen gefundenen Veränderungen ohne Weiteres auch auf die Larynxschleimhaut und auf alle Fälle von Ulcerationen daselbst übertragen zu
dürfen geglaubt hat. Dies ist aber keineswegs gerechtfertigt. Denn einmal kommen innerhalb des Larynx Drüsenentzündungen und Vereiterungen
mit dem von Rindfleisch beschriebenen Verlaufe überhaupt gar nicht
vor und kann man auf catarrhalisch-afficirter Larynxschleimhaut beginnende Eiterung um die Ausführungsgänge herum ebensowenig sehen
wie aus denselben „Schleimperlen mit eitrigem Saume herauspressen":

die Schleimdrüsen der Larynxschleimhaut liegen ja auch meist tiefer in
der Mucosa als wie die der Trachealschleimhaut und ist daher bereits der
makroskopische Anblick der beiden Schleimhäute im Zustande des Catarrhs
ein durchaus verschiedener. Sodann sieht man aber gerade an der Larynxschleimhaut häufig jene exquisiten Bilder von ganz isolirter mit den Drüsen
der Nachbarschaft in gar keinem Zusammenhange stehender Tuberkelablagerung in die intacte Mucosa hinein unter durchaus intactem Epithel,
wie wir sie oben beschrieben und auch abgebildet haben. (Tafel I, Fig. 1, 5a.)
In der nächsten Umgebung des Tuberkels ist hier oft keine Spur einer
Abnormität; eine geraume Zeit kann vergehen, ehe über dem Tuberkel
die Epitheldecke perforirt, und jetzt erst und auf diese Weise entsteht eine
Ulceration, durchaus ohne jegliche Mitwirkung und Betheiligung der Schleimdrüsen oder ausgehend von einer Eiterbildung im Drüsen-Ausführungsgange.
Allerdings findet man regelmässig, selbst bei eben erst beginnender Tuberkelabsetzung, an den Drüsen der näheren Umgebung die ersten Stadien
jenes oben beschriebenen inter- und intraacinösen Entzündungsprocesses;
und möchten wir gerade dieses Moment als ein Kriterium dafür in An-
spruch nehmen, wenn es sich darum handelt zu bestimmen, ob ein Substanzverlust, der unzweifelhafte Spuren seines tuberkulösen Ursprungs nicht
mehr aufweist, dennoch als ein solcher angesehen werden soll: niemals
aber ist die Drüsenerkrankung die primäre oder Haupterkrankung,
sie geht nur neben der Tuberkulose als Complication einher; niemals
giebt sie allein Veranlassung zu den hochgradigen unheilbaren Zerstörungen, die unter dem Namen „Kehlkopfsschwindsucht" zusammenzufassen
sind: Drüsensubstanz ebensowohl wie insbesondere deren Ausführungsgänge
widerstehen im Gegentheil ziemlich lange der vollständigen Zerstörung, die
überhaupt erst dann eintritt und in schnellem Tempo fortschreitet, sobald
die tuberkulöse Infiltration nach Zerstörung der Drüsenkapsel zwischen die
Drüsenacini selbst hinein zu wuchern beginnt. Andererseits sieht man
häufig gerade in der Trachea diese zähe Resistenzfähigkeit der Drüsensubstanz in augenfälliger Weise bestätigt, indem an ein und derselben
Schleimdrüse die eine Hälfte vollständig in einen Tuberkel umgewandelt
sein kann, während die andere nur mässig veränderte Acini zeigt (Taf. IV,
Fig. 2a u. b), und lehrt jede sorgfältige Untersuchung vereinzelter sehr tiefer
oder zahlreicher confluirender mit Knorpel-Bloslegung und -Zerstörung ein-
hergehender Trachealulcerationen, dass nicht allein zwischen die Drüsen in
den Zwischenräumen der Trachealringe hinein, sondern auch in die Schleimhaut oberhalb der Drüsenlage Tuberkel abgesetzt werden, ehe es zu jenen
Zerstörungen kommt. Den schlagendsten Beweis endlich sowohl gegen die
Rindfleisch'sche Theorie von der Entstehung der Kehlkopfschwindsucht,
als auch gegen seine den Thatsachen widerstreitende Behauptung von

der Seltenheit und Bedeutungslosigkeit der Tuberkel auf der Laryngeal-
und Trachealschleimhaut liefern jene Fälle von hochgradiger tuberkulöser
Infiltration, wie sie an der Trachea in exquisiter Weise im membranösen Theile vorkommen und innerhalb des Kehlkopfes an Epiglottis
(Taf. III, Fig. 1a) und Aditus laryngis insbesondere, zu den auffälligsten
und bereits makroskopisch sichtbaren Veränderungen Veranlassung geben.
Wer auch nur einen Schnitt durch solche Stellen gemacht und mit dem
Mikroskope betrachtet hat, muss sich von der Irrigkeit der Rindfleisch'-
schen Anschauungen überzeugen. Sollte aber Rindfleisch derartig veränderte Kehlköpfe zu untersuchen niemals Gelegenheit genommen haben?
Wir möchten es fast glauben, da uns anderenfalls seine Frage unmöglich
erscheint: „Giebt es überhauptTuberkeln bei derPhthisis laryngea
und welche Rolle spielen dieselben?"

Dass es weiter Angesichts des geführten Nachweises der ausschliesslich tuberkulösen Natur der Kehlkopfsschwindsucht einer Theorie über die
Entstehung des Ulcerationsprocesses in Larynx und Trachea nicht mehr
bedarf, wie sie von Louis aufgestellt worden, ist selbstverständlich.
Dennoch erscheint es wünschenswerth, mit einigen Worten auf jene viel
ventilirte Ansicht zurückzukommen, da sie bis ' auf die neueste Zeit
noch Anhänger und selbst unter solchen Autoren gefunden hat, welche
einen Widerspruch gegen die Möglichkeit des Vorkommens von echter
Tuberkulose der Kehlkopfsschleimhaut im Allgemeinen nicht erheben.
Louis selbst hat gegen die Annahme, dass die Ulcerationen nur von
dem Verweilen des Auswurfs an den betreffenden Stellen und einer hierdurch entstehenden Corrosion der Schleimhaut bedingt sein könnten, als
Gründe angeführt, dass die Geschwüre bei Weitem nicht immer im Verhältniss stehen zu der schlechten Beschaffenheit des Auswurfs, und
dass sie lange nicht in allen Fällen von beträchtlichen Lungenstörungen
und alten tuberkulösen Cavernen zu beobachten sind. Von anderen
Autoren ist insbesondere eingewendet worden: dass Ulcerationen in vorgeschrittenen Stadien einerseits vorkommen, ehe sich Cavernen nachweisen lassen, selbst da, wo letztere ganz fehlen und endlich auch in
Fällen, welche ohne Auswurf verlaufen, wie u. A. bei Kindern; dass
Ulcerationen andererseits fehlen bei Lungenbrand z. B. und „Bronchorrhoe"
und an anderen Theilen, mit denen die Secrete überhaupt in Berührung
kommen; dass es überhaupt nicht bewiesen sei, dass Cavernensecrete intacte
Schleimhaut corrodiren und exulceriren könnten, dass auch der häufig auf
gewisse Stellen des Larynx beschränkte Sitz der Ulcerationen gegen
die unbedingt corrodirende Eigenschaft der Sputa spreche, dass doch auch
die tuberkulösen Darmgeschwüre von sich aus entständen und ohne
vorausgegangene Einwirkung eitriger Secrete auf die Schleimhautoberfläche,

endlich, dass auch Fälle von Larynxulcerationen vorkämen ohne gleichzeitige oder nachfolgende Lungenaffection. Letzterer von Rheiner herrührende und auf einige Angaben Trousseau's gestützte Einwand ist allerdings der schwächste von allen, soll jedoch erst weiter unten bei Behandlung der Frage nach dem Vorkommen einer primären Kehlkopfs-Tuberkulose mit erörtert werden. Die anderen Einwände dürften so ziemlich Alles umfassen, was gegen die Louis'sche Theorie überhaupt vorgebracht werden kann. Betonen möchten wir ihr gegenüber indessen doch noch, dass weder erwiesen ist, dass die Sputa, einmal bis in die Trachea oder schon bis in den Larynx gelangt, überhaupt noch irgend welche längere Zeit daselbst verweilen, ehe sie expectorirt werden, noch dass ein vorzugsweiser Contact der Sputa mit der pars membranacea tracheae stattfindet, noch viel weniger aber ein regelmässiger oder auch nur häufigerer Contact derselben mit der Innenfläche der Epiglottis; und dass endlich, wenn wirklich die Sputa ätzend wirkten, doch auch der Umstand auffallend sein müsste, dass Ulcerationen auf der Magenschleimhaut bei Phthisikern, die doch sehr häufig die Sputa verschlucken, durchaus nicht häufiger vorkommen, als bei an anderen Krankheiten Verstorbenen. Im Uebrigen sind die aufgezählten Gegengründe, sowohl jeder einzelne für sich, als insbesondere auch in ihrer Gesammtheit so in das Gewicht fallend, dass die Louis'sche Hypothese längst bereits als widerlegt hätte angesehen werden müssen; dass sie trotzdem noch hier und da festgehalten wird, hat wohl nur darin seinen Grund, dass man, ungewiss über die wahre Veranlassung der den Kehlkopf und die Luftröhre zerstörenden Ulcerationen, die man doch nur gleichzeitig fand neben phthisischen Processen in den Lungen, zu der Annahme irgend eines Zusammenhanges zwischen beiden Vorgängen immer wieder hingedrängt wurde und in Ermangelung einer besseren Erklärung für denselben die von Louis herrührende immer noch für die plausibelste hielt.

Was ferner die von Rheiner aufgestellte Theorie von der Entstehung der Larynxulcerationen durch mechanische Momente, insbesondere durch Zerrung und Reibung der catarrhalisch-afficirten Schleimhautpartieen an und gegen einander anlangt, eine Theorie, der Colberg und Ziemssen sich sehr zugeneigt erwiesen haben, während sie, wenigstens nach einer Richtung hin, bereits von Lewin angezweifelt wurde, so möchten wir Folgendes bemerken. Ebensowenig, wie ein „lebhaftes Auf- und Zuschlagen des Kehldeckels" überhaupt vorkommt und ebensowenig wie jemals die Ansatzstellen der plicae aryepiglotticae an die Epiglottis mit den Spitzen der Aryknorpel in innigen Contact kommen, ebensowenig können die an den processus vocales so häufig zu beobachtenden Ulcerationen und Erosionen auf eine Reibung der betreffenden correspondirenden Stellen

aneinander bei den verschiedenen Phonationsstellungen zurückgeführt werden,
und zwar aus dem einfachen Grunde, weil eine solche Reibung überhaupt
nicht, bei stark catarrhalisch-afficirter Schleimhaut aber vollends nicht
vorkommt; denn, wie die Laryngoskopie zeigt, je stärker der Catarrh und
je stärker die catarrhalische Anschwellung, um so weniger nahe kommen
sich in der Regel die processus vocales bei der Phonation, umsomehr klafft
die Glottisspalte, um so stärker wird die Schleimhautanschwellung im
Intraarytaenoidalraume, und um so dicker die Falte, welche sich zwischen
die hinteren Enden der Stimmbänder vorzuschieben pflegt und hierdurch
vor Allem für den normalen Glottis-Schluss und die normale Annäherung
der processus vorales aneinander das Haupthinderniss abgiebt. Abgesehen
aber von der thatsächlichen Unrichtigkeit der Rheiner'schen Anschauung
müssten doch nach derselben Ulcerationen an den processus vocales auch
eine ganz gewöhnliche Erscheinung bei jedem mit Schleimhaut-
anschwellungen einhergehenden Larynxcatarrh sein: denn warum sollte nur
bei gleichzeitiger Lungenphthisis die Reibung catarrhalisch ge-
schwellter Schleimhautpartieen gegeneinander Larynxulcerationen erzeugen
können? Es ist indessen eine feststehende Thatsache, dass gerade Ulcerationen an den processus vocales bei einfachen acuten oder chronischen und
selbst hochgradigsten Kehlkopfcatarrhen sonst gesunder Individuen kaum
jemals zur Beobachtung gelangen, so dass geradezu behauptet werden kann,
dass Individuen, welche an jenen Stellen des Larynx Ulcerationen zeigen,
der beginnenden Kehlkopfsphthisis dringend verdächtig sind.

Ausserdem sind die von Rheiner an der Epiglottis als Prädilectionsorte für Ulcerationen bezeichneten Stellen als solche überhaupt nicht anzu-
sehen, es kommen vielmehr überall anderswo auf der Innenfläche und
insbesondere an der Basis des Kehldeckels die Geschwüre häufiger vor,
als gerade dort; aber auch die processus vocales könnten, wenn auch häufig
genug von solchen befallen, immerhin nicht als Prädilectionsorte für
tuberkulöse Ulcerationen gelten, da, wie wir oben gezeigt haben, auch
andere Partieen der Stimmbänder mindestens ebenso häufig exulceriren.

Endlich erklärt die Rheiner'sche Hypothese absolut nicht das Auftreten von Tracheal-Ulcerationen bei Lungenphthisis und deren abso-
lutes Nichtvorkommen bei an anderen chronischen Krankheiten Verstorbenen.

Dass die Ulcerationen bei Lungenphthisikern im Larynx häufiger
vorkommen, als in der Trachea, womit der Louis-Toulmouche'sche
Satz: „je näher der Lunge, desto häufiger" widerlegt ist, haben wir schon
oben nachgewiesen. Die von Türck „öfter gemachte Beobachtung von
überwiegender Gleichseitigkeit" zwischen Lungentuberkulose und
Kehlkopfgeschwüren, welche auch von Friedreich, Schrötter und Schech

behauptet wird, habe ich an der Hand meiner eigenen Beobachtungen weder intra vitam noch bei den post mortem untersuchten 50 Fällen bestätigt gefunden, ebensowenig wie ein stärkeres Befallensein der rechten Seite des Larynx und der rechten Lunge, wie solches Friedreich als „Thatsache" angeführt. Ueberhaupt dürfte es schwer halten, die Richtigkeit solcher Beobachtungen thatsächlich zu beweisen, da einerseits intra vitam die absolute Intactheit der gesund erscheinenden Lunge nicht immer garantirt, auch der Unterschied in dem Grade der Erkrankung nicht immer leicht taxirt werden kann und da andererseits an Leichen von Phthisikern Veränderungen und Zerstörungen in beiden Lungen meist so vorgeschritten zu sein pflegen, dass sich nicht mehr erkennen lässt, welche Seite zuerst erkrankte, während gleichzeitig im Kehlkopfe Ulcerationen, welche nur auf die eine Hälfte desselben beschränkt sind, verhältnissmässig selten vorgefunden werden.

Dass nicht alle Individuen, welche an Lungentuberkulose leiden, auch Kehlkopfsgeschwüre haben, ist bereits von jeher als gewichtiger Einwand gegen die Louis'sche Theorie von der Entstehung der Larynxulcerationen durch Cavernensecrete hervorgehoben und von allen denen anerkannt worden, welche derselben Auffassung huldigten, oder doch wenigstens die ausschliesslich bei Lungenphthisikern sich findenden Ulcerationen des Larynx und der Trachea als eine specifische Eigenthümlichkeit jener Krankheit betrachtet wissen wollten. Es war bisher unaufgeklärt, warum hier Ulcerationen gefunden, dort nicht gefunden wurden, trotzdem, dass der tuberkulöse Process in den Lungen sowohl, als vielleicht auch Alter, Geschlecht, Beschäftigung, Hereditätsverhältnisse etc. dieselben waren. In der That ist es unmöglich, sich diese Incongruenz der Fälle zu erklären, so lange man das Vorkommen von Tuberkulose der Kehlkopfsschleimhaut bestreitet: nachdem wir jedoch nachgewiesen haben, dass diese Tuberkulose nicht allein vorkommt, sondern auch das veranlassende Moment zu der Kehlkopfsschwindsucht abgiebt, verliert die Thatsache, dass nur bei einem Bruchtheile sämmtlicher Phthisiker Ulcerationen in Larynx und Trachea gefunden wurden, alles Auffällige und kann ebensowenig mehr wunderbar sein wie die anderweite Thatsache, dass auch nicht alle Phthisiker tuberkulöse Darmgeschwüre, Tuberkel in Leber, Nieren, Milz etc. zeigen. Die Frage, warum diese letzteren Organe bei diesem reichliche Tuberkel, bei jenem gar keine enthalten, ist wohl von noch Niemand gestellt worden und ist auch so lange als eine müssige und jedenfalls unbeantwortbare zu betrachten, als nicht die Wege bekannt sind, auf welchen sich die Tuberkel im Körper verbreiten; ebenso überflüssig ist es aber auch zur Zeit, absolut nach einer Erklärung suchen zu wollen dafür, dass die Kehlkopfstuberkulose die Lungenphthisis hier complicirt, dort wieder nicht.

Kehlkopf und Trachea müssen eben in derselben Weise als mögliche Ablagerungsstellen sekundärer Tuberkel bei bestehender primärer Lungentuberkulose betrachtet werden, wie Darm, Leber etc.; dass sie gleichzeitig Prädilectionsorte für die Tuberkelablagerung darstellen und als solche nur hinter dem Darme zurückbleiben, ist richtig, darf aber nicht sowohl auf ihre Nähe zur erkrankten Lunge und eine etwaige directe Uebertragung oder Fortsetzung der Tuberkulose von hier aus bezogen werden: denn der Weg bis zum Darm ist weiter und doch ist dort die sekundäre Tuberkulose häufiger wie im Larynx. Dagegen liegt es allerdings nahe, in den die Lungenphthisis intra vitam sehr häufig begleitenden Catarrhen der Kehlkopfs- und Luftröhrenschleimhaut und der durch dieselben bedingten Auflockerung und verschiedenartigen Anschwellung der Letzteren in Verbindung mit den durch die grosse Dehn- und Verschiebbarkeit insbesondere der Larynxschleimhaut gegebenen günstigen räumlichen Verhältnissen ein prädisponirendes Moment für die Lokalisirung des tuberkulösen Processes daselbst zu erblicken.

Einen Stützpunkt für unsere Anschauung entnehmen wir dem einen unserer Fälle, in welchem nur ein äusserst hochgradiger über den ganzen Larynx und die Trachea verbreiteter Catarrh der Schleimhaut, nirgends aber eine Spur einer Ulceration vorhanden war: trotzdem fand sich auf Schnitten durch das Taschenband, und zwar nur hier, sonst an keiner anderen Stelle, in einer ganz frischen eben beginnenden tuberkulösen diffusen Infiltration ein kleiner ganz frischer Tuberkel mit zwei Riesenzellen. Ausserdem haben wir ja nachgewiesen, dass gerade an solchen Stellen des Larynx, wo die Schleimhaut am meisten ausdehnungsfähig und am wenigsten gespannt ist (Taschenbänder, Ventrikel, Ueberzug der Aryknorpel etc.), fast ausschliesslich jene isolirten Tuberkel unter die Schleimhautoberfläche abgesetzt werden, welche als das Vorstadium des tuberkulösen Ulcerationsprocesses zu betrachten sind; und sehen wir doch auch die exquisitesten Formen von Trachealtuberkulose vorwiegend in der vermöge ihrer histologischen Zusammensetzung besonders ausdehnungsfähigen und raumgebenden pars membranacea der Trachea sich entwickeln.

Der grosse Reichthum der Larynx- und Trachealschleimhaut an Gefässen dürfte ein weiteres Moment für die verhältnissmässige Häufigkeit der sekundären Kehlkopfstuberkulose abgeben für den Fall, dass weitere Untersuchungen, was nicht unmöglich, bestätigen würden, dass das Blutgefässsystem der Weg ist, auf welchem die Verbreitung der Tuberkulose stattfindet oder dass doch wenigstens die Entstehung eines Bestandtheiles der Tuberkel, der Riesenzellen, in einem näheren Zusammenhange mit dem Gefässsysteme steht. Die vorliegenden Untersuchungen waren auf Lösung dieser Fragen nicht mit gerichtet; indessen hat einer der unter-

suchten Fälle doch einige mikroskopische Bilder geliefert, welche die Vermuthung nahe legen, dass ein derartiges Abhängigkeitsverhältniss bestehen
könnte und haben wir daher auch für nützlich erachtet, die betreffenden
Präparate zeichnen zu lassen (Taf. III, Fig. 3a, 3b, 3c). Es sind Parallelschnitte durch ein Stück des membranösen Theils der Trachea und sieht
man an ihnen drei verschiedene Stadien der Entwickelung eines Tuberkels
inmitten zahlreicher theils querdurchschnittener, theils cirkulär um die betreffende Srelle verlaufender Gefässstämmchen. Fig. 3a zeigt mitten im
Bilde eine deutliche Riesenzelle mit eben erst beginnender Zellenanhäufung
in der Umgebung, ein Bild, welches wir als den ersten Anfang zur
Tuberkelbildung ansehen möchten. Das Auftreten einer Riesenzelle würde
hiernach als das Primäre zu betrachten sein. Fig. 3b zeigt zwei deutliche
und eine etwas undeutliche Riesenzelle und eine Zunahme der Infiltration
um dieselben herum; in Fig. 3c ist der fertige Tuberkel abgebildet.

Wenden wir uns nunmehr zu der Frage: Giebt es eine primäre
Kehlkopftuberkulose oder nicht? so muss zunächst betont werden,
dass weder die von uns selbst untersuchten 50 Fälle von Ulcerationen des
Larynx, noch die Aufzeichnungen der Sectionsbefunde aus dem ganzen seit
1867 verflossenen Zeitraume irgend einen sicheren Anhaltspunkt für das
Vorkommen einer primären Kehlkopfstuberkulose geliefert haben, primär
sowohl in dem Sinne, dass der Kehlkopf von der Tuberkulose zuerst vor
allen anderen Organen ergriffen wird, während die Lunge überhaupt
nicht tuberkulös erkrankt, als in dem Sinne, dass er nur eher ergriffen
wird als die Lungen, welche dann erst sekundär erkranken.

Dass eine primäre Kehlkopftuberkulose in ersterem Sinne noch niemals beobachtet wurde und wohl auch überhaupt nicht vorkommen dürfte,
unterliegt kaum einem Zweifel. Unter unseren 50 Fällen von Larynxulcerationen fand sich ein einziger Fall von Ulceration an den Stimmbändern bei gleichzeitiger croupöser Pneumonie. Diese Ulcerationen hatten
durchaus nichts Characteristisches an sich und zeigten keine Spur einer
Aehnlichkeit mit tuberkulösen Geschwüren. Die sieben anderen Fälle von
Larynxulcerationen bei Nichtphthisikern, welche seit 1867 notirt und oben
erwähnt worden sind, waren ebenfalls sicher nicht-tuberkulösen Ursprungs.
Endlich habe ich aber auch in der mir zugänglichen Literatur keine einzige durch die Section constatirte Beobachtung von echten tuberkulösen
Geschwüren des Larynx als primärer Affection und bei intact gebliebener
Lunge auffinden können; nur durch die Section constatirte Fälle
könnten aber für die Entscheidung der Frage massgebend sein.

Etwas anders verhält es sich mit derjenigen Art von primärer
Kehlkopfstuberkulose, welche nur zeitlich der Lungenaffection vorangehen soll, von Lungentuberkulose aber stets gefolgt wird. Die Mög-

lichkeit, dass Tuberkel im Kehlkopfe sich früher entwickeln als in der
Lunge, kann selbstverständlich nicht in Abrede gestellt werden; treten
doch auch in verschiedenen anderen Organen des Körpers Tuberkel
primär und eher auf als in den Lungen. Indessen ist gerade für den
Kehlkopf der Beweis einer solchen Aufeinanderfolge schwer zu erbringen
und dürfte dieselbe erst dann als erwiesen zu erachten sein, wenn einmal
an der Leiche eine Kehlkopfstuberkulose gefunden würde neben noch
gesunden Lungen. Dies wird aber sicherlich schwer halten, da an
Kehlkopfstuberkulose allein wahrscheinlich Niemand stirbt, und demnach
nur auf solche Kehlkopfsphthisiker zu rechnen wäre, welche an einer inter-
kurrenten akuten Krankheit eines anderen Organes, mit Ausnahme der
Lungen, bez. in Folge äusserer Gewalt oder Unglücksfalles zu Grunde
gehen. Ebensowenig kann aus einer Vergleichung und Abwägung der bei
der Section sich ergebenden Befunde in Lungen und Kehlkopf mit und
gegen einander auf das vorhanden gewesene zeitliche Verhältniss ein Schluss
gezogen werden, zumal uns jedes Kriterium darüber abgeht, wie viel Zeit
nothwendig ist, um diesen oder jenen Grad von Zerstörung in Lunge und
Larynx hervorzurufen. Uebrigens ist in der Regel die Lungenaffection
so hochgradig und vorgeschritten, dass gar kein Zweifel entstehen kann,
dass sie älteren Datums ist und findet man niemals den umgekehrten
Befund: hochgradige Kehlkopfszerstörung und unbedeutende Lungenaffection; intra vitam aber die Diagnose auf primäre Kehlkopfstuberkulose
zu stellen, ist einestheils deshalb schwer, weil selbst der sorgfältigsten phy-
sikalischen Untersuchung kleinere ältere central gelegene käsige Heerde
oder verdichtete Stellen in der Lunge entgehen können, anderntheils deshalb, weil nicht jede Kehlkopfsulceration tuberkulösen Ursprungs ist, weil
nicht-tuberkulöse Ulcerationen nicht zur Kehlkopfsschwindsucht führen,
und weil keiner Kehlkopfsulceration laryngoskopisch ohne Weiteres angesehen werden kann, ob sie Tuberkeln ihre Entstehung
verdankt oder nicht. Letzteren Satz müssen wir umsomehr aufrecht
erhalten, als wir uns wiederholt überzeugt haben, dass man selbst durch
eine sorgfältige makroskopische Betrachtung ganz frisch der Leiche
entnommener Kehlkopfsgeschwüre nicht im Stande ist, mit Bestimmtheit zu sagen, ob das Geschwür ein tuberkulöses ist oder nicht; denn
Tuberkel sind an frischen Kehlkopfsgeschwüren niemals mit blossem
Auge zu erkennen (wohl aber an mikroskopischen gehärteten und gefärbten
Schnitten!). Nur das Mikroskop kann definitiv entscheiden! Was aber
makroskopisch, wenn wir es in den Händen haben, zweifelhaft zu entscheiden ist, kann sicherlich erst recht nicht laryngoskopisch unterschieden
werden und so können wir uns auch nicht entschliessen zuzugeben, dass
das, was Ter Maten während des Lebens in zwei Fällen beobachtet haben

will, und das, womit Türck in einem Falle „die Ränder der Geschwüre theilweise besetzt" geschen hat, Tuberkel in unserem Sinne gewesen seien. Zweifellos kommen jedem irgendwie beschäftigten Laryngoskopiker in seiner Praxis eine ganze Reihe echter tuberkulöser Larynxgeschwüre vor mit Tuberkeln in Grund und Rändern; denn die überwiegende Mehrzahl der Larynxulcerationen bei Lungenphthisis ist ja tuberkulösen Ursprungs. Wenn also die Tuberkel überhaupt sichtbar wären, so müsste es doch sicherlich auffallen, dass seit Ter Maten und Türck, also seit circa 12 Jahren, keine einzige analoge Beobachtung wieder gemacht, oder, wenn gemacht, nicht publicirt worden ist, zumal ja eine Bestätigung jener Beobachtungen die kürzeste und einfachste Lösung der Streitfrage über die Natur der Kehlkopfsschwindsucht gewesen sein würde. Dass den von Mandl als characteristisch für die primäre Kehlkopfstuberkulose beschriebenen „végétations primordiales" inclusive der sonstigen von demselben Autor als Unterscheidungsmerkmale zwischen primärer und sekundärer Affection aufgestellten Zeichen irgend ein Werth für Beurtheilung der Frage nicht beizulegen ist, bedarf nach Vorstehendem keiner weiteren Auseinandersetzung.

Dass Kehlkopfsulcerationen nicht-tuberkulösen Ursprungs der Lungenphthise vorangehen können, soll natürlich vollends nicht und um so weniger bestritten werden, als wir ja oben gezeigt haben, dass man in einzelnen Fällen selbst an der Leiche noch frische nicht-tuberkulöse Ulcerationen findet. Freilich entscheiden jene Befunde nicht über die Frage, ob es vorkommt, dass die Kehlkopfsschwindsucht der Lungenphthise vorangeht; denn jene nichttuberkulösen Ulcerationen sind ja nicht identisch mit denjenigen, welche eine Kehlkopfsschwindsucht bedingen. Dass aber auch diese Ulcerationen, sei es mit Beginn des tuberkulösen Processes in der Lunge, sei es erst in weiterem Verlaufe, den tuberkulösen Charakter annehmen, unterliegt ebensowenig einem Zweifel, wie dass jene ersten Anfänge von Ulcerationen nicht-tuberkulöser Natur, welche wir selbst vereinzelt in den Kehlköpfen verstorbener Phthisiker gefunden haben, tuberkulöse geworden wären, wenn der betreffende Kranke noch länger am Leben geblieben sein würde. Dies wird evident bewiesen durch den Umstand, dass bei irgendwie hochgradigen oder tiefergehenden Zerstörungen des Larynx und der Trachea ohne Ausnahme Tuberkel gefunden wurden. —

Ob eine Heilung der Kehlkopfsschwindsucht, resp. der Kehlkopfstuberkulose eintreten kann, ist mindestens sehr fraglich, und sind unzweifelhafte Fälle von Heilung überhaupt noch nicht beobachtet, aber allerdings auch schwer zu constatiren, da man, wie gesagt, laryngoskopisch einem Geschwüre nicht ansehen kann, ob es ein tuberkulöses oder gewöhnliches ist, und da die Untersuchung der Umgebung von Geschwürsnarben oder dieser selbst post mortem, wenn die Geschwüre einmal geheilt waren, sicherlich ebensowenig mehr Reste von Tuberkeln etc. aufweisen, wie an irgend einem äusseren Zeichen, als etwa Farbe und Gestalt der Narbe sich wird erkennen lassen, dass Tuberkel dagewesen sind. Da übrigens weder von der echten Miliartuberkulose der Lungen, noch von einer Tuberkulose irgend eines anderen Organs des Körpers bekannt ist oder angenommen wird, dass sie heilbar wäre, so ist auch kein Grund vorhanden, anzunehmen dass gerade die Kehlkopfsschwindsucht i. e. Tuberkulose hiervon eine Ausnahme machen sollte. Thatsächlich fällt es schwer, wenn man die endlose Masse von Tuberkeln und die massenhafte Neuproduktion derselben innerhalb der mit Geschwüren besetzten Schleimhaut sich vergegenwärtigt und an die grosse Menge derselben denkt, welche z. B. allein innerhalb der Grenzen eines mikroskopischen Präparates vor die Augen treten, sich mit dem Gedanken vertraut zu machen, dass solche Erkrankungen heilbar sein sollten.

Sicher ist allerdings soviel, dass man, wenn schon sehr selten, Individuen zu untersuchen Gelegenheit hat, deren Lungenaffection durch günstige Umstände nachweisbar zum Stillstand, resp. zur Schrumpfung gekommen ist, und welche einen ebenfalls vollständig abgelaufenen Ulcerationsprocess im Kehlkopfe, insbesondere an den Stimmbändern, mit deutlicher Narbenbildung zeigen. Ich habe zwei derartige Fälle gesehen und längere Zeit beobachten können, von denen der eine sogar mehrfache Hämoptysen gehabt hatte. Bei diesem war, als ich ihn sah, der Process im Kehlkopfe bereits vollständig abgelaufen; den anderen sah ich vor drei Jahren mit stark exulcerirtem rechtem Stimmbande und deutlicher rechtsseitiger Spitzenaffection und sah ihn im vorigen Herbste wieder mit geheilter Affection des rechten und mit narbigen Strängen am linken Stimmbande, welches letztere demnach ebenfalls im weiteren Verlaufe der Krankheit mit ergriffen worden war, während die Lungenaffection gleichfalls als abgelaufen bezeichnet werden konnte. Beide Personen verdankten ihre Herstellung einem fortgesetzten Aufenthalte in südlichen klimatischen Curorten. Immerhin kann aber auch dieser Thatsache gegenüber die Frage aufgeworfen werden: wer garantirt dafür, dass die Geschwüre, deren Heilung beobachtet wurde, auch tuberkulöse im wahren Sinne des Wortes waren? —

Was die Symptomatologie und Diagnose der Kehlkopfsschwindsucht anlangt, so können wir uns kurz fassen. Es giebt, wie schon mehrfach hervorgehoben, kaum ein einziges absolut sicheres Zeichen dafür, dass ein Ulcerationsprocess im Kehlkopfe zur Kehlkopfsschwindsucht führt, d. h. tuberkulösen Ursprunges ist. Dies gilt sowohl von den subjectiven Symptomen, die der betreffende Kranke darbietet, als auch von den objectivlaryngoskopisch wahrnehmbaren Eigenschaften der Geschwüre selbst, mit alleiniger Ausnahme der oben beschriebenen durch die hochgradigen Gestaltsveränderungen, die sie an den einzelnen Theilen des Kehlkopfs bedingt, sich charakterisirenden tuberkulösen Infiltration, welche eben mit nichts Anderem verwechselt werden kann und die Diagnose einer Tuberkulose der Kehlkopfsschleimhaut ohne Weiteres rechtfertigt. In keiner Weise beweisend sind insbesondere die verschiedenartigen Stimmstörungen, der Husten, der Schmerz, etwa gleichzeitig vorhandener Schleimhautcatarrh oder Anämie und Hyperämie der Schleimhaut, Erscheinungen, welche ganz in gleicher Weise auch nicht-tuberkulöse Ulcerationen des Kehlkopfs begleiten können. Dagegen ist man allerdings berechtigt, aus gewissen laryngoskopisch wahrnehmbaren äusseren Eigenschaften der Geschwüre und insbesondere aus dem gleichzeitigen Vorhandensein mehrerer dieser Merkmale eine Wahrscheinlichkeitsdiagnose auf Tuberkulose zu machen, mit welcher man der Wahrheit um so näher kommen wird, je deutlicher entweder gleichzeitig eine phthisische Lungenaffection bereits nachweisbar ist oder je gegründeteren Verdacht auf Entwickelung einer solchen äusserer Habitus, Thoraxformation, skrofulöse Symptome, Hereditätsverhältnisse etc. geben.

Zu solchen Merkmalen gehören:

1) Der Sitz der Geschwüre. In hohem Grade verdächtig sind insbesondere alle Geschwüre an der Epiglottis, an den Taschenbändern, in den Ventrikeln, sodann am vorderen Stimmbandwinkel, an den Ligg. aryepiglottic., an den Processus vocales. Geschwüre an den Schleimhautüberzügen der Spitzen der cartil. arytaenoidae kommen ohne gleichzeitige tuberkulöse Infiltration der betreffenden Schleimhaut kaum jemals zur Beobachtung. Geschwüre an den Stimmbändern dagegen sind vorsichtig zu beurtheilen, da trotz des häufigen Sitzes der tuberkulösen Ulcera an denselben, doch auch nicht-tuberkulöse Ulcerationen mit Vorliebe sie befallen wie schon bei einigermassen heftigen acuten und subacuten Kehlkopfcatarrhen zu beobachten ist.

2) Das gleichzeitige Vorkommen von Geschwüren an mehreren der obengenannten Stellen.

3) Die Intensität des Ulcerationsprocesses, also besonders Tiefe der Geschwüre, Grad der Zerstörung des normalen Gewebes und der normalen Configuration des Kehlkopf-Inneren, Knorpel-Bloslegungen, -Defecte und -Abstossungen.

4) Dauer und Unheilbarkeit des Ulcerationsprocesses. Letzteres Moment ist jedoch gleichfalls nur mit Vorsicht zu verwerthen, da man auch unzweifelhafte, nicht-tuberkulöse Geschwüre oft erst nach sehr langem Bestande dennoch heilen sieht in Fällen, welche man eben wegen der langen Dauer des Processes bereits geneigt war, der Kehlkopfsschwindsucht zuzuzählen.

Kein Zweifel über die Natur der Ulcerationen kann, wie schon erwähnt, bestehen bei denjenigen, welche auf tuberkulös-infiltrirter und ge-

schwellter Schleimhaut sich bilden. Unter den Symptomen, die diese tuberkulöse Infiltration selbst hervorruft, sind die wichtigsten die Schlingbeschwerden
und die Stenosirungen des Kehlkopfseinganges. Erstere begleiten in der
Regel die Infiltrationen der Schleimhautüberzüge der Aryknorpel und der
Epiglottis und sind meist das erste Symptom überhaupt, welches auf den
Beginn derartiger Veränderungen hinweist: indessen ist mir doch ein Fall
vorgekommen, bei welchem, trotzdem dass die Epiglottis in einen fast finger-
dicken, halbmondförmig gestalteten Wulst umgewandelt war, niemals
Schlingbeschwerden sich gezeigt hatten und auch während einer über längere
Zeit fortgesetzten Beobachtung nicht auftraten, trotzdem dass die Geschwulst
galvanokaustisch zu verkleinern versucht und hierdurch ausserdem noch
offene Wundflächen gesetzt wurden. Die Anschwellung der Epiglottis war
bei dem Kranken ganz zufällig gelegentlich einer aus anderen Gründen
von einem Arzte unternommenen Inspection des Rachens in der Tiefe ent-
deckt worden. Die Stenosirungen des Kehlkopfseinganges kommen insbesondere
zu Stande durch tuberkulöse Infiltration der Plicae aryepiglottic. und der
Taschenbänder entweder beider Seiten oder nur der einen Seite des Larynx
allein: die Epiglottis kann dabei vollkommen unbetheiligt sein. Sie sind
verhältnissmässig nicht sehr häufig zu beobachten, machen indessen zuweilen
die Tracheotomie erforderlich.

Die Unterscheidung tuberkulöser und syphilitischer Geschwüre kann
in den ersten Stadien derselben und insbesondere, wenn weder Habitus und
Constitution des Kranken noch Lungenbefund unzweifelhafte Anhaltspuncte
für erstere Diagnose geben, Schwierigkeiten machen. Zur Differentialdiagnose
kann u. A. Folgendes benutzt werden. Die syphilitischen Geschwüre der
Epiglottis sitzen meist an derem vorderen Rande, zuweilen auch auf der
Zungenfläche derselben: die tuberkulösen Ulcera sehr selten an diesen
beiden Stellen und in der Regel auf der Innenfläche bis herab zur
Basis. Ulcerationen an den Aryknorpeln sind durchgehends selten bei
Syphilis, bei Tuberkulose sehr häufig: dasselbe gilt für die Taschenbänder,
Ventrikel und den vorderen Winkel der Stimmbänder. Die frische Kehl-
kopfssyphilis befällt vor Allem die Stimmbänder, also denjenigen Kehlkopfs-
theil, welcher gerade auch tuberkulöse Ulcerationen häufig zeigt. Hier
aber ist die Unterscheidung auch am allerschwierigsten und gleichzeitig
doch am wünschenswerthesten, um eventuell gegen Syphilis rechtzeitig
die entsprechende Theraphie einleiten und der, wenn überhaupt, dann meist
ziemlich rasch auftretenden und irreparablen Zerstörung der Stimmbänder-
substanz mit Defecten vorbeugen zu können. Leider vermögen wir nur ein
Moment anzuführen, welches zur Entscheidung benutzt werden könnte,
welches uns indessen auch bereits in einem Falle in Stich gelassen hat.
Die Syphilis scheint nämlich nur in höchst seltenen Fällen nur ein Stimm-

band zu befallen: in der Regel finden sich Ulcerationen an oder auf beiden Stimmbändern, während die halbseitige Erkrankung des Kehlkopfs, neben völliger Intactheit der anderen Seite, bei Beginn der Kehlkopfstuberkulose, und namentlich bei den hier in Frage kommenden frischeren Fällen von Geschwürsbildung, sehr häufig zu beobachten ist. Es giebt jedoch, wie gesagt, von dieser Regel auch Ausnahmen und kann daher eine unzweifelhafte Diagnose erst aus einer gewissen Summe von lokalen und allgemeinen Momenten und durch sorgfältige Abwägung aller für die eine oder andere Constitutionsanomalie sprechenden Gründe gegen einander gefolgert werden. —

In Bezug auf Verlauf, Dauer und Prognose der Kehlkopfsschwindsucht ist bereits oben angedeutet worden, dass die Möglichkeit einer, wenn auch nur temporären Heilung des Ulcerationsprocesses oder doch wenigstens eines Stillstandes desselben, sei es, dass der phthisische Process auf der Lunge währenddem fortdauert oder ebenfalls sistirt, nicht in Abrede gestellt werden kann. Andererseits ist jedoch sicher, dass solches nur äusserst selten sich ereignet, und dass ein Ulcerationsprocess im Kehlkopfe bei ausgesprochener Lungenphthisis, wenn einmal begonnen, in der Regel nicht wieder zum Stillstande oder gar zur Heilung gelangt, sondern gradatim bald schneller, bald langsamer an In- und Extensität zunimmt, bis der Kranke der Lungenphthisis erliegt, während die Kehlkopfstuberkulose als solche allerdings nicht direct den Tod herbeiführt. Dauer und Verlauf der Kehlkopfstuberkulose sind demnach wesentlich abhängig von Dauer, Verlauf und Intensität der sie begleitenden Lungenaffection und erstrecken sich daher bald über eine längere, bald über eine kürzere Periode, deren Ausdehnung ausserdem wesentlich bestimmt wird durch den Zeitpunkt, von welchem ab die Lungenphthise durch Hinzutritt der Kehlkopfsphthise complicirt wurde, sowie durch die Intensität der ersteren. Immer schnell und verhältnissmässig kurz ist der Verlauf, wenn allgemeine tuberkulöse Infiltration des Larynx entweder zu bereits bestehenden Ulcerationen hinzutritt, oder, ohne dass letztere vorhanden waren, die bis dahin noch intacte Schleimhaut ergreift. Der letale Ausgang wird in solchen Fällen wesentlich beschleunigt durch die in Folge der Schlingbehinderung für den Kranken gesetzte Unmöglichkeit, genügende Nahrung aufzunehmen und man sieht demgemäss nicht so selten solche Kranke weit früher zu Grunde gehen, als wie der Stand und Grad der phthisischen Lungenaffection hätte erwarten lassen.

Die für jeden einzelnen Fall von Kehlkopfsulceration bei Lungenphthisis zu stellende Prognose ergiebt sich hieraus von selbst. Quoad vitam abhängig von der Weiterentwickelung und dem Grade der begleitenden Lungenphthise, sowie von dem etwaigen Auftreten lokaler tuber-

kulöser Infiltration, und hiernach irgend welche bestimmte Voraussage
überhaupt nicht zulassend, ist die Prognose auch quoad restitutionem in inte-
grum nur mit äusserster Vorsicht und nicht eher zu stellen, als bis laryngoskopisch nachweisbar ein Zurückgehen des Processes und eine Heilung
der Geschwüre unzweifelhaft zu constatiren ist, worüber indessen Monate
vergehen können und wodurch nicht ausgeschlossen wird, dass währenddem
oder später neue Geschwüre an anderen Stellen wieder auftreten können.
Jm Uebrigen kann, wie schon angedeutet, auf solche Fälle von Heilung
die Beurtheilung der Prognose der Kehlkopfsschwindsucht deshalb nicht
basirt werden, weil sehr unwahrscheinlich ist, dass Geschwüre, welche heilen,
durch Tuberkel veranlasst worden sind und man nicht berechtigt ist,
durch Tuberkel nicht veranlasste Ulcerationsprocesse der Kehlkopfsschwindsucht zuzuzählen.

Dass Angesichts der Thatsache, dass Kehlkopfsschwindsucht allein bedingt wird durch Tuberkulose der Kehlkopfsschleimhaut und identisch
ist mit Kehlkopfstuberkulose, auch die Therapie eine einestheils nur
symptomatische, anderntheils allgemeine sein und im Grossen und Ganzen
nur von ebendenselben Gesichtspunkten aus geleitet werden kann, wie die
der begleitenden Lungenschwindsucht, ist selbstverständlich. Erfolge werden
indessen sicher nur vorübergehend und bezüglich einzelner Symptome,
so z. B. der Schlingbeschwerden und des Hustenreizes erzielt werden und
dürfte eine Heilung der Kehlkopfstuberkulose selbst der sorgfältigsten
Therapie niemals gelingen.

Erklärung der Abbildungen.

Präparir-Methode. Müller'sche Lösung, Alkohol, Haematoxylin, Entfärbung in Alkohol und Salzsäure, Alkohol, Nelkenöl, Canadabalsam.

Tafel I.

Fig. 1. Schnitt senkrecht zur Glottisebene durch das linke Stimmband und den vorderen Theil des Ventr. Morg. Vergr. L ¹/₁.

Bei *e* ist der freie Rand des Stimmbandes: die senkrecht abfallende Seite des Schnittes ist die untere Fläche, die horizontale Seite die obere Fläche des Stimmbandes fortgesetzt in den Anfangstheil des Ventrikels.

b zwei Tuberkel: über dem am freien Rande des Stimmbandes gelegenen Tuberkel sieht man die oberste Epithelschicht aufgefasert (erster Anfang der Geschwürsbildung), während das Epithel über dem zweiten ziemlich weit entfernt von ersterem liegenden und durch ein Stück vollständig normaler Schleimhaut von demselben getrennten Tuberkel noch vollkommen . intact erscheint. In der Nähe beider Tuberkel eine feine kleinzellige Infiltration (*c*), welche sich von dem am freien Rande gelegenen Tuberkel aus auch längs der unteren Fläche des Stimmbandes unter ganz normalem Epithele hin erstreckt. Das Epithel dieser Fläche zeigt ebenfalls bereits Spuren von Auffaserung (Erosion), auch sieht man starke, verschieden gestaltete Epithelzacken sich tief in die subepitheliale Schicht hineinsenken. Die dunklen Punkte in der Nähe des oberen Tuberkels sind Gefässdurchschnitte, *a* Muskeldurchschnitte, *d* Drüsen mit Andeutung des interacinösen Entzündungsprocesses und stellenweiser kleinzelliger Infiltration in der Umgebung.

Beide Tuberkel waren in diesem Falle an dem mikroskopischen Schnitte mit blossen Augen als nahezu miliumgrosse scharfbegrenzte Stellen deutlich zu unterscheiden.

Fig. 2 *a*. Schnitt senkrecht zur Glottisebene durch Taschenband, Ventrikel und Stimmband. (Naturgrösse.)

Am Stimmbande (*s*) nahe seinem freien Rande ein oberflächlicher Substanzverlust (*g*) (tuberk. Geschwür); am Taschenbande (*t*) bei *NB* ein bereits makroskopisch als solcher erkennbarer 3 fächriger Tuberkel.

Fig. 2 b. Die mit *NB* bezeichnete Stelle der vorigen Figur bei Vergr. II $^3/_1$.

Man sieht den 3 fächrigen Tuberkel (*c*), im Centrum des obersten Faches eine Riesenzelle (*b*) und bei *d* unterste und oberste Epithellage perforirt und die tuberk. Infiltration im Begriff, nach aussen durchzutreten (beginnende tuberk. Ulceration). *e* sind querdurchschnittene Epithelcinbuchtungen, *f* Querschnitt eines mit Blut zum Theil erfüllten Gefässes, *a* Drüsendurchschnitt mit diffusser interacinöser Infiltration.

Fig. 3 a. Tuberkulöses Geschwür der Epiglottis-Innenfläche nahe der Basis. Vergr. II $^3/_2$.

a Epithel bis an die Ränder des Geschwürs heran wohl erhalten; *b* Durchschnitt durch einen Drüsenausführungsgang, darunter ein grösserer desgleichen; *c, m, k* Tuberkel; *d* Tuberkel mit centraler Verkäsung; *i* Drüsen, durch tuberk. Infiltration im mittleren Theile zerstört, in den seitlichen Theilen noch erhaltene Acini; *e* Drüsenlage, *f* Fett, *g* Durchschnitt eines grossen Gefässes, *h* Knorpel.

Man sieht an diesem Präparate die unmittelbar unter dem Epithel gelegene Tuberkelschicht durch einen deutlichen Zwischenraum von der unter ihr liegenden Drüsenschicht getrennt und letztere durchaus unbetheiligt am Zustandekommen der Geschwürsbildung.

Fig. 3 b. Dasselbe Präparat in Naturgrösse.

Fig. 4. Tuberkulöses Geschwür des Taschenbandes, Ventrikels und Stimmbandes. Schnitt senkrecht zur Glottisebene durch diese Theile hindurch. Vergr. L $^1/_1$.

Man sieht den Rand des Taschenbandes durch verschiedene, von den in der Tiefe der Mucosa liegenden Drüsenhaufen aus aufsteigende, wohlerhaltene und an der freien Schleimhautfläche mündende Drüsenausführungsgänge in Fächer getheilt, welche Tuberkel enthalten (*d*) mit zahlreichen (bei stärkerer Vergrösserung erst sichtbaren) Riesenzellen. *c, h, g* Geschwürsflächen; bei *e* ein Rest ziemlich intacter Schleimhaut mit erhaltenem Epithel. *f* zeigt das Stimmbandepithel in der Nähe des Geschwürs eine grosse Strecke weit tief eingebuchtet und grosse Zapfen in die Schleimhaut hineinschickend. *b* Drüsen, *a* Fett.

Fig. 5. Schnitt durch den Rand eines tuberkulösen Geschwürs der Epiglottis-Innenfläche (Längsschnitt). Vergr. H $^3/_2$.

a Mucosa, innerhalb dichter tuberkulöser Infiltration einen grossen rundlichen (*d*) und einen kleineren länglichen Tuberkel enthaltend. *b* Drüsenschicht, *c* Knorpel. Bemerkenswerth ist die ganz enorme Zunahme des Dickendurchmessers der Schleimhaut. *e* und die darüber und darunter sichtbaren Lücken sind Venendurchschnitte mit vollkommen zerstörten Wandungen; *f* Riesenzelle; an dem mit *h* bezeichneten Stücke beginnt eben die Zerstörung des Epithels, während dieses rechts davon im Ganzen noch ziemlich intact und nur die äusserste Schicht eingerissen erscheint; *g* Geschwürsrand. Mit *i* ist der Zwischenraum bezeichnet zwischen oberster Grenze der Tuberkelschicht und unterster Grenze der Epithelschicht, innerhalb dessen die tuberkulöse Infiltration deutlich geringfügiger ist, als zwischen den Tuberkeln und in den tieferen Schichten, und welcher demnach wahrscheinlich später erst von der Infiltration ergriffen worden ist, als diese. Bemerkenswerth ist endlich noch bei *e* die hochgradige Perichondritis und Chondritis, welche letztere im Centrum des Knorpels bereits zu vollständigem Schwund der Knorpelzellen geführt hat.

Tafel II.

Fig. 1, 2. Schnitte durch den membranösen Theil der Trachea, resp. die daselbst befindliche Muskulatur. Vergr. H $^3/_4$.

In **Fig. 1** sieht man einen grossen länglich ovalen Tuberkel c, b mitten zwischen Längsmuskelfasern (a), welche er zu beiden Seiten auseinander gedrängt hat, eingebettet liegen. Derselbe enthält zahlreiche Riesenzellen, z. B. bei b und c, und zeigt um diese herum bereits beginnende Verkäsung. Mit d sind angrenzende Räume zwischen der Muskulatur angedeutet, welche ebenfalls Tuberkel enthalten. Bei e sieht man eine kleinzellige tuberkulöse Infiltration sich zwischen die Muskelfasern hinein fortsetzen.

In **Fig. 2** sind Muskelbündel mehr im Querschnitt getroffen. Auch hier sieht man einen grossen birnförmigen Tuberkel mit zahlreichen Riesenzellen, welcher die Muskelbündel (a, b) auseinander gedrängt, resp. die an der betreffenden Stelle vorher vorhandenen Bündel zerstört hat. Die ersten Anfänge der fortschreitenden Zerstörung sind bei c zu sehen.

Fig. 3. Stück aus dem senkrecht zur Glottisebene durchschnittenen Stimmbande, entnommen dem oberen horizontal verlaufenden Theile desselben nahe dem freien Rande. Vergr. H $^3/_1$.

(Das Präparat ist in der durch Haematoxylin hervorgebrachten Färbung reproducirt, um die Verhältnisse der Muskulatur anschaulicher zu machen, und einem Kehlkopfe entnommen, der ausserordentlich starke Volumenszunahme des Taschen- und Stimmbandes mit Compression des Ventrikels zeigte.)

Ulceration war an der Oberfläche nicht sichtbar, dagegen die durch den gelben Streifen an c, d, f markirte eitrige Infiltration der Epithelschicht. Längs dieser ist eine starke kleinzellige tuberkulöse Infiltration zu sehen, in welche hinein zahlreiche Capillaren verlaufen, deren Wandungen verdickt sind und deren Aussenseite von einer dichten Kette kleinster Rundzellen begleitet wird. In der Mitte des Bildes ein runder frischer Tuberkel (c), um welchen herum das Capillarnetz auseinander gedrängt ist und welcher in seinem Innern, als Rest eines daselbst vorhanden gewesenen Muskelbündels, Durchschnitte von drei einzelnen Muskelfasern zeigt (d). a Nervendurchschnitt mit Scheide; g Zellenhaufen, wahrscheinlich erste Anfänge der Tuberkelbildung. Die gelben rundlichen Querschnitte, wie z. B. bei b, sind Durchschnitte von Muskelfasern, welche, ebenso wie die einzelnen Muskelbündel, durch eine sich zwischen sie eindrängende Infiltration von Rundzellen auseinander gedrückt und in ihrer Continuität gelockert erscheinen.

Fig. 4. Schnitt aus demselben Kehlkopfe von der unteren Fläche des Stimmbandes. Vergr. H $^3/_4$.

Man sieht eine Anzahl frischer Tuberkel (c) dicht unter dem eitrig infiltrirten Epithel (a) liegen. Der Tuberkel d ist mitten in die Muskulatur hinein abgelagert; zu beiden Seiten desselben Reste von Muskelfaserdurchschnitten.

Fig. 5. Quergestreifte Muskelfasern aus dem Stimmbandmuskel desselben Kehlkopfes. Vergr. H $^3/_7$.

Zwischen den Fasern liegen zahlreiche Rundzellen, welche bei b zu einer längs des Randes der beiden Fasern verlaufenden continuirlichen Kette angeordnet sind. Die länglich-ovalen Muskelkerne (a, d) zeigen sich in allen Fasern vermehrt: die Querstreifung der letzteren ist deutlich erhalten. Bei c sieht man ein Gefässstämmchen über die Muskelfaser weglaufen.

Fig. 6. Querschnitt durch ein Muskelbündel des Stimmbandes aus einem Kehlkopfe mit so hochgradiger tuberkulöser Infiltration des Taschen- und Stimmbandes, dass der Ventrikeleingang vollständig verschlossen und die freien Ränder der Bänder stellenweise sogar mit einander verklebt erscheinen. Vergr. H $3/7$.

Zwischen den querdurchschnittenen Muskelbündeln a sieht man eine dichte Infiltration von Rundzellen b, welche die einzelnen Bündel überall und ringsherum umgiebt und . von einander abgedrängt hat. Die Muskelfaserdurchschnitte selbst hatten ein Aussehen, als ob sie gequollen wären und zeigten vielfach im Centrum deutlichen Zerfall in eine feinkörnige trübe Masse.

Tafel III.

Fig. 1 a. Querschnitt durch die tuberkulös-infiltrirte Epiglottis. 3fache Vergr.

Der obere Rand ist Pharyngeal- der untere Laryngealfläche. Neben der ausserordentlich starken Zunahme des Dickendurchmessers der Schleimhaut sieht man sehr deutlich die Knickung und Einwärtsbeugung, welche der Epiglottiskörper in Folge der Infiltration erlitten hat.

a Knorpeldurchschnitte, b Drüsen, c Tuberkel, d Geschwürsfläche, NB Gefässdurchschnitt.

Fig 1 b. Die mit NB bezeichnete Stelle der vorigen Figur bei Vergr. H $3/4$.

a Querschnitt einer Arterie, d Durchschnitt einer Vene. Bei a Muscularis und Intima noch wohl erhalten, Adventitia zerstört durch die das Gefäss cirkulär umgebende tuberkulöse Infiltration. Bei b sind sämmtliche Wandungen bis auf einen kleinen Rest Intima (links) zerstört durch die von allen Seiten hereingebrochenen Tuberkelzellen. c Tuberkel mit Verkäsung, e Fibringerinnsel, b verkäste Stelle im Gewebe.

Fig. 2. Tuberkulöser Conglomeratknoten aus dem den Trachealknorpeln nach aussen unmittelbar anliegenden Zellgewebe. Vergr. H $3/2$ (bei natürlicher Grösse 3 Mm. Längs-, 2 Mm. Querdurchmesser).

Bei b und c diverse Tuberkel mit vielen Riesenzellen; um dieselben herum Verkäsung.

Fig. 3 a, 3 b, 3 c. Die bereits im Text erwähnten Parallelschnitte durch den membranösen Theil einer hochgradige Ulcerationen und tuberkulöse Infiltration zeigenden Trachea. Vergr. H $3/4$.

a bezeichnet in $3a$ und $3b$ Riesenzellen, in $3c$ den fertigen Tuberkel. Um jene herum sieht man in $3a$ eben beginnende Anhäufung von Rundzellen (b), in $3b$ bereits stärkere Ansammlung solcher. c sind in allen Bildern querdurchschnittene Gefässe, d Längsschnitte solcher. In Fig. $3c$ ist b Längsschnitt eines grossen Gefässes.

Fig. 4. Tuberkelconglomerat, im Losstossen begriffen, aus dem Rande eines Geschwüres eines tuberkulös-infiltrirten Lig. aryepiglotticum. Vergr. H $3/4$.

a Epithel, zum Theil erhalten, zum Theil bereits gesprengt und zerfetzt der andrängenden Tuberkelmasse weichend. Bei d beiderseits Geschwürsfläche, c Tuberkel zum Theil mit Riesenzellen, b Rest eines Gefässdurchschnittes.

Tafel IV.

Fig. 1 a. Drüsenhaufen aus dem tuberkulös-infiltrirten Lig. aryepiglotticum. Vergr. II ³/₁.

Man sieht eine Anzahl Drüsenacini innerhalb einer diffusen kleinzelligen tuberkulösen Infiltration (c), deren umschliessende Kapsel bereits vollständig zerstört ist, während die einzelnen Acini weit auseinander gedrängt sind und die verschiedensten Formveränderungen und Zerstörungsgrade zeigen. Nur noch undeutliche Reste von Acinis sieht man bei *b*. Die mit *a* bezeichnete Stelle ist nebst den benachbarten Acinis nochmals gezeichnet in

Fig. 1 b. Stück aus demselben Präparate. Vergr. II ³/₇.

Die Drüsenepithelzellen zeigen eine feinkörnige albuminöse Trübung (*a*), die scharflinearen Grenzcontouren der einzelnen Zellen gegeneinander sind verwischt, der centralliegende Ausführungsgang verengt: in *b* erscheint derselbe vollständig comprimirt. Die Kerne der Epithelzellen, bei normalen Durchschnitten randständig erscheinend, sind stellenweise vom Rande abgedrängt, z. B. in *b*; die ganze Zelle scheint nach Innen zu vorstürzen zu wollen. Zwischen den Acinis dichte kleinzellige Infiltration (c).

Fig. 2. Schnitt durch die Trachea an der Uebergangsstelle des knorpeligen in den membranösen Theil. Vergr. L ¹/₁.

a, *b* Tuberkel, anscheinend innerhalb der Drüsenkapseln zweier Drüsen liegend: zu den Seiten derselben Drüsenreste, so auch bei *d*. *c* Drüsen mit inter- und intraacinöser Entzündung und leeren Lymphräumen; *e* Epithelreste, *f* diffuse tuberkulöse Infiltration. *g* Knorpel, *h* Zellgewebe.

Fig. 3 a. Stück aus dem Rande und dem Grunde eines tuberkulösen Geschwüres der Epiglottis-Innenfläche. Vergr. II ³/₄.

a Epithelrest. *b*, *d* Tuberkel mit Riesenzellen, *c*, *c* halbzerstörte Drüsen, die drei central gelegenen Tuberkel rings umgebend. Sehr starke interacinöse und intraacinöse Infiltration in den Drüsenhaufen.

Fig. 3 b. Das Präparat, dem Fig. 3 *a* entnommen ist, in 3 facher Vergrösserung. *NB* die in Fig. 3 *a* gezeichnete Stelle.

Medicinische Neuigkeiten
aus dem Verlage von
VEIT & COMP. in LEIPZIG.

Die
progressive perniziöse Anämie.
Eine klinische und kritische Untersuchung
von
Dr. Hermann Eichhorst,
Professor in Göttingen.

Mit 3 lithographirten Tafeln und mehreren Holzschnitten.
1878. gr. 8. XII u. 375 S. Preis geh. 10 M.

Allen Aerzten, welche sich über die gegenwärtige Kenntniss der perniziösen Anämie, dieses modernsten Krankheitsbildes, eingehend unterrichten wollen, sei diese erschöpfende Monographie angelegentlich empfohlen.

Grundriss
der
MATERIA MEDICA
für
praktische Aerzte und Studirende.
Mit besonderer Rücksichtnahme auf die Pharmacopoea Germanica
bearbeitet
von
Dr. Hermann Köhler,
Professor an der Universität Halle.
1878. gr. 8. X u. 492 S. Preis 10 Mark.

Der als exacter Experimentator in pharmacologischen Fragen bekannte Verfasser giebt im vorliegenden Grundrisse in comprimirter Form die Materia medica. Dadurch, dass Verf. den gerade in den Lehrbüchern über Materia medica angehäuften Ballast wieder über Bord geworfen hat, ist es ihm möglich geworden, trotz der Kürze des Buches alles Wesentliche zu besprechen, was der Arzt wissen muss, ja wir sind darüber erstaunt, wie er es bei seinen enggesteckten Grenzen fertig bekommen hat, besonders wichtige Artikel sogar erschöpfend zu behandeln. Verf. klassificirt nach den physiologischen Wirkungen der einzelnen Mittel und weicht darin von anderen neueren Büchern über Arzneimittellehre, z. B. dem von Nothnagel und Rossbach, welches den Stoff nach chemischen Grundlagen eintheilt, wesentlich ab. Wir halten diese Klassificirung des Verfassers, wenngleich sie bei unserem heutigen Standpunkte noch manche Schwierigkeiten darbietet, für die einzig richtige; da in einem Buche über Heilmittellehre Alles das zusammengehört, was gleich oder ähnlich wirkt, während bei einer Eintheilung nach den chemischen Eigenschaften der Mittel nothwendig Substanzen in eine Gruppe kommen, welche die differentesten Wirkungen haben, also vom Standpunkte der Heilmittellehre aus nicht zusammengehören. Es ist hier nicht möglich, das System des Verfassers genauer zu besprechen; wir müssen in dieser Hinsicht auf das Original selbst verweisen. Was die Bearbeitung der einzelnen Arzneistoffe anlangt, so müssen wir vor Allem die übersichtliche Zusammenstellung und scharfe, klare Darlegung der physiologischen Wirkungen derselben loben und überragt in dieser Beziehung das Buch des Verfassers entschieden seine sämmtlichen Concurrenten. Eine Anzahl

Artikel z. B. über Digitalis, Secale cornutum, Salicylsäure u. s. w. sind geradezu musterhaft bearbeitet. Bei den therapeutischen Anwendungsweisen möchte man da und dort eine Vervollständigung in künftigen Auflagen wünschen; so ist z. B. bei der Digitalis nicht erwähnt, dass sie in grossen Dosen eins unserer zuverlässigsten Mittel gegen profuse Metrorrhagien ist, bei Tannin die günstige Wirkung bei Magenblutungen u. s. w. Ferner dürfte es zweckmässig sein, da das Buch namentlich auch für Studirende geschrieben ist, bei jedem Mittel ein correctes vollständiges Recept anzufügen, um ein fehlerhaftes Verschreiben des Mittels zu verhüten. Doch das sind Kleinigkeiten, die den Werth des Buches nicht vermindern und können wir das Buch als vortreffliches, sowohl den Studirenden zur Einführung in die Materia medica, wie den Aerzten als bequeme Uebersicht über die Fortschritte und den jetzigen Standpunkt unserer Kenntnisse der Heilmittel warm empfehlen.

D. Zeitschr. f. pr. Medicin. 1878.

— — In allen Beziehungen, in denen das Sydney Ringer'sche Buch Mängel zeigt, hat Köhler's Werk Vorzüge, wie sie bereits aus dem „Handbuche" bekannt sind: eine grosse Belesenheit des Verfassers, eine Genauigkeit und Zuverlässigkeit in den thatsächlichen Angaben, machen diesen „Grundriss" zu einem vortrefflichen Nachschlagebuch, dem ausser dem „Handbuche" desselben Verfassers nur wenige Werke an die Seite zu stellen oder vorzuziehen wären. — - —

Erlangen.

Wilh. Filchne.
(Jenaer Literaturzeitung. 1878. No. 16.)

Lehrbuch
der
praktischen Medicin
mit besonderer Rücksicht auf
pathologische Anatomie und Histologie.
Von
Dr. C. F. Kunze,
prakt. Arzt in Halle a./S.

Dritte mehrfach veränderte und verbesserte Auflage.

Zwei Bände.

1878. gr. 8. XXXIV u. 1463 S. Preis geh. 25 Mark.

Kunze's Lehrbuch zeichnet sich sowohl durch seine knappe und übersichtliche Darstellung in einer Form, die durch ihre Klarheit und leichten Fluss in dem Leser das Gefühl der Langweile nie aufkommen lässt, als auch durch mässigen Preis bei bester Ausstattung aus. Durch vollständiges Erscheinen innerhalb Jahresfrist ist die Bearbeitung der dritten Auflage eine durchaus einheitliche und gleichmässige, dem neuesten Standpunkt der Wissenschaft entsprechende.

Urtheile:

Wir haben uns berufen gefühlt, dem Lehrbuche der Medicin von Dr. Kunze bei seinem ersten Erscheinen im Jahre 1870 ein höchst günstiges Prognosticum zu stellen. Diese Voraussage ist auf das Glänzendste eingetroffen, das Buch hat trotz mannigfacher Concurrenz binnen 7 Jahren bereits die 3. Auflage erlebt, ist an den meisten Hochschulen Deutschlands eingeführt, findet sich in der Bibliothek fast eines jeden praktischen Arztes und ist in verschiedene fremde Sprachen übersetzt worden, wahrlich Beweis genug für die Brauchbarkeit des Buches und die Tüchtigkeit des Bearbeiters, der eigene Erfahrung mit reichem Wissen und fleissigem Studium zu einem harmonischen Ganzen verband. Auch diese neue Auflage erscheint als eine vielfach vermehrte und theilweise umgearbeitete. So finden wir in der Anordnung einzelner Capitel zweckentsprechende Veränderungen, die Seitenzahl beider Bände ist nicht unerheblich vermehrt und die Casuistik ist mit Geschick und Auswahl bereichert worden. Als umgearbeitet und wesentlich bereichert heben wir namentlich hervor das Capitel von der Meningitis tuberculosa, die Diagnose der Hirngeschwülste, die Pachymeningitis, besonders nach Leyden, die Nervenkrankheiten nach Erb, die Lehre vom Morbus Brightii, die Capitel: Pleuritis, Bronchialerkrankungen und Tuberkulose, der Diabetes mellitus nach Cantani u. s. w. Ganz neu hinzugekommen sind die progressive Bulbärparalyse, die Aphasie und die perniciöse Anämie. Ueberall hat der Vf. mit kritischem Geist und sichtender Hand die Materialien geordnet und fasslich zusammengestellt, so dass diese neue Auflage als völlig auf der Höhe der Zeit stehend betrachtet werden kann und ihren gediegenen praktischen Charakter durchgehends bewahrt hat.

Jaffé. (Schmidt's Jahrbücher 1878.)

Die Bearbeitung der Capitel, welche ich bis jetzt durchgelesen habe, verdient durchaus Beifall, und man kann das Buch mit gutem Gewissen empfehlen.

Strassburg i. E. Prof. Dr. **Kussmaul.**

Ich finde, dass dasselbe immer mehr den Anforderungen gerecht wird, die auch in Anbetracht des Studiums an ein solches Buch gestellt werden müssen und werde dasselbe daher mehr und mehr auch meinen Zuhörern und in weiteren Kreisen gern empfehlen.

Bonn. Prof. Dr. **Rühle.**

Für die freundliche Uebersendung der dritten Auflage von Kunze, dessen Arbeit ich für eine sehr tüchtige halte, sage ich Ihnen meinen verbindlichsten Dank.

Wien. Professor Dr. von **Bamberger.**

Die

Diagnostik des Pulses

in Bezug auf

die localen Veränderungen desselben.

Von

Dr. A. Mosso,

Professor der Pharmakologie an der Universität Turin.

Mit 15 Holzschnitten im Text und 8 Tafeln.

1879. gr. 8. VII u. 65 S. Preis geh. 8 M.

Centralblatt für praktische Augenheilkunde.

Herausgegeben von

Dr. J. Hirschberg.

Monatlich eine Nummer in gr. 8. Preis des Jahrganges 6 M.

Nachdem in den zwei Decennien von 1850 bis 1870 die Augenheilkunde — Dank den Arbeiten eines Helmholtz und Donders, eines v. Arlt und v. Graefe und so vieler anderer ausgezeichneten Fachgenossen — einen ungeahnten Aufschwung gewonnen, tritt jetzt allenthalben das Bestreben zu Tage, die Errungenschaften dieser Periode zu sammeln und zu sichten und dieselben nebst den weiteren Fortschritten, welche darauf gebaut werden, zum Allgemeingut des gesammten ärztlichen Standes zu machen. Diesem Bestreben will das Centralblatt als Organ dienen: dem praktischen Arzt wie dem Ophthalmologen soll darin ein klares Bild des heutigen Zustandes der Augenheilkunde gezeichnet und jede Bereicherung des ophthalmiatrischen Wissens und Könnens sofort in kurzer, aber doch vollständiger und dabei einfacher Darstellung zugänglich gemacht werden.

Der erste Jahrgang (1877) ist vergriffen.